Zhongguo Qiye Chukou Dui Gongzi
Chaju de Yingxiang Yanjiu

中国企业出口对工资差距的影响研究

杜威剑　李梦洁 /著

中国财经出版传媒集团

经济科学出版社

Economic Science Press

图书在版编目（CIP）数据

中国企业出口对工资差距的影响研究／杜威剑，李梦洁著. —北京：经济科学出版社，2016.9

ISBN 978 - 7 - 5141 - 7167 - 9

Ⅰ.①中⋯　Ⅱ.①杜⋯②李⋯　Ⅲ.①外向型企业－出口－影响－收入差距－研究－中国　Ⅳ.①F124.7

中国版本图书馆 CIP 数据核字（2016）第 190664 号

责任编辑：周国强
责任校对：杨晓莹
责任印制：邱　天

中国企业出口对工资差距的影响研究

杜威剑　李梦洁　著

经济科学出版社出版、发行　新华书店经销

社址：北京市海淀区阜成路甲 28 号　邮编：100142

总编部电话：010 - 88191217　发行部电话：010 - 88191522

网址：www. esp. com. cn

电子邮件：esp@ esp. com. cn

天猫网店：经济科学出版社旗舰店

网址：http://jjkxcbs. tmall. com

北京中科印刷有限公司印装

710×1000　16 开　11.25 印张　230000 字

2016 年 9 月第 1 版　2016 年 9 月第 1 次印刷

ISBN 978 - 7 - 5141 - 7167 - 9　定价：58.00 元

（图书出现印装问题，本社负责调换。电话：**010 - 88191502**）

（版权所有　侵权必究　举报电话：**010 - 88191586**

电子邮箱：**dbts@ esp. com. cn**）

前　　言

随着贸易自由化程度的加深，我国人均工资水平已在很大程度上有所提高，与此同时，工资差距问题也越发凸显，出口对于收入差距的影响越来越引起人们的关注。本书将从企业出口这一微观视角系统研究出口贸易的不同方面对于企业内熟练劳动工人与非熟练劳动工人之间工资差距的影响。

国家宏观层面的出口贸易与微观层面的企业出口行为息息相关：出口企业数目的增加以及企业出口规模的扩大促进了我国出口贸易的飞速发展；承接外包或参与加工贸易企业数目的增加与我国在国际分工中的地位密切相关；而一定时期内我国企业向某一目的国市场大量出口则直接影响到我国与该国贸易往来在总贸易中的比重。与此同时，企业的出口行为会对不同类型劳动工人的工资产生影响，而这种影响的加总就表现为宏观层面出口贸易与工资差距的关系，因此考察企业出口对于工资差距的影响有助于从微观视角理解出口贸易与工资差距之间的关系。

本书共由8章构成。第一章为导论，阐述了本书的研究背景与意义、研究思路与方法，并对可能存在的创新点与未来需要进一步研究的方向进行了归纳。第二章分别从理论与实证层面，简要回顾了贸易对工资差距影响的相关文献。第三章以异质性企业理论和劳动市场不完全性特征理论为基础，分别讨论了企业出口扩展边际、集约边际、贸易形式以及出口市场对工资差距的影响。第四章至第七章为本书的经验分析部分，其中第四章考察了企业出口的扩展边际对企业内工资差距的影响，具体分析中采用倾向得分匹配估计的方法，从企业"是否出口"角度进行了研究；第五章考察了企业出口的集约边际对企业内工资差距的影响，考虑到内生性问题，具体分析中同时采用了固定效应模型与系统广义矩估计，从企业"出口多少"角度进行了研究；第六章考察了企业参与特定贸易形式对企业内工资差距的影响，具体分析中分别采用替代指标的构建以及工具变量等方式以验证估计模型的稳健性，从企业"如何出口"角度进行了研究；第七章则考察了企业出口目的国市场对企业内工资差距的影响，具体分析中同时验证了出口高收入国家可能存在的影响途径，从企业"出口向何处"角度进行了研究。第八章是本书的总结，对研究的主要结论进行了概括，并据此为我国出口贸易的发展提出了相关的政策建议。

本书的主要结论有：第一，企业的出口扩展边际会扩大工资差距，然而这一影响在企业进入出口市场当期并未完全显现出来，随着时间的推移，从长期来看，企业出口的扩展边际对于工资差距的影响显著且存在持续性；第二，企业出口集约边际同样会扩大工资差距，并且对于低出口密集度的企业影响程度更大；第三，随着企业参与特定贸易形式程度的增加，替代效应会使得企业对熟练劳动力的需求有所下降，而产出效应会增加企业对劳动工人的需求，且替代效应占主导，最终会降低不同类型劳动力之间的工资差距；第四，在企业出口总量一定的情形下，随着企业向高收入国家出口份额的增加，会通过销售产品服务成本的提高和企业产品质量升级两条途径使得工资差距呈现进一步扩大的趋势。

目　录
CONTENTS

第一章 导 论

第一节　研究背景与意义

一、研究背景

（一）出口贸易的发展与收入不平衡性问题的凸显

"二战"之后，发展中国家为了快速发展经济纷纷采取了相应的改革措施，其中最具代表性的是各国贸易开放政策的实施，图1.1描述了近三十年来世界出口贸易发展的状况，可以看出世界出口贸易总额以及发展中国家出口贸易总额均呈现稳定上升的趋势，并且发展中国家出口额在总出口额中的占比也逐渐增加，这说明发展中国家的出口贸易已经成为世界贸易的重要构成部分。许多发展中国家通过出口贸易使经济得到了迅速增长，居民生活水平也有了极大的改善，然而与此同时，出口贸易所带来的一些负面影响也随之显现。不仅在美国、欧盟等发达国家出现了收入差距不断扩大的现象，在发展中国家也同样出现了类似的现象。

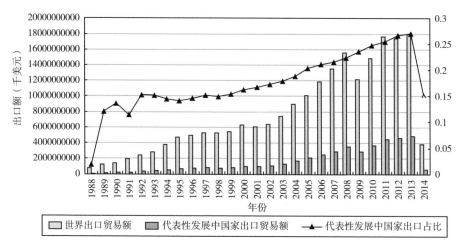

图 1.1　世界出口贸易发展描述（1988～2014 年）

资料来源：根据联合国 COMTRADE 数据库整理得到，其中代表性发展中国家为根据 WTO 分类标准包括中国在内的 59 个国家。

中国作为最大的发展中国家，过去三十多年间，在经济改革和贸易自由化方面取得了显著的成果，特别是加入世界贸易组织之后，出口贸易快速发展，迎来了新的发展契机。根据世界银行的统计报告，2000 年中国出口额为 279.6 亿美元，占我国 GDP 总量的 23.3%，到 2007 年，中国出口额已经达到 1342.2 亿美元，占我国 GDP 总量的 38.4%，呈现出高速增长的态势，近年来我国出口占比与出口增长率趋势如图 1.2 所示。

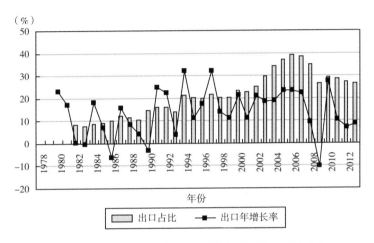

图 1.2 我国出口占比与年均增长率（1978～2013 年）

资料来源：根据世界银行 WDI 数据库整理得到。

通过图 1.2 可以发现，中国在 2001～2007 年间，贸易在我国 GDP 中的占比逐步提高，并且贸易量呈现稳定增长趋势。但与此同时，经济发展与贸易开放中的问题也日益凸显。近年来，我国收入差距呈现进一步扩大趋势，收入不平等现象已然成为我国所面临的突出矛盾，图 1.3 分别采用不同人群收入占比与基尼系数的方式表示我国收入不平等的程度与变化趋势。可以看出，我国前 20% 人群的收入占比自 1990 年后达到 40% 以上，并且逐步呈现上升趋势，而后 20% 人群的收入占比始终低于 10%，并且表现出进一步下降的趋势。通过世界银行估算得到的基尼系数①同样呈现逐步上升的趋势，表

————————

① 基尼系数是根据洛伦兹曲线所定义的判断收入分配公平程度的指标，数值在 0～1 之间，是国际上用来综合考察一国居民内部收入分配差异状况的一个重要分析指标，数值越大表明一国收入不平等程度越高。

明我国收入不平等程度有进一步加剧的趋势。

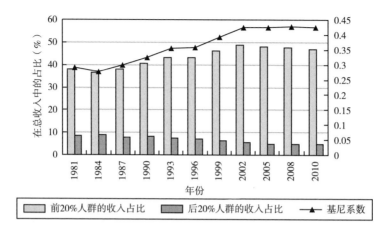

图 1.3　我国收入占比与基尼系数指标趋势（1981～2010 年）

资料来源：根据世界银行 WDI 数据库整理得到。

（二）企业出口与工资差距

国家宏观层面的出口贸易与微观层面的企业出口行为息息相关：出口企业数目的增加以及企业出口规模的扩大促进了我国出口贸易的飞速发展；承接外包或参与加工贸易企业数目的增加与我国在国际分工中的地位密切相关；而一定时期内我国企业向某一目的国市场大量出口则直接影响到我国与该国贸易往来在总贸易中的比重。与此同时，正是企业的出口行为会对不同类型劳动工人的工资产生影响，而这种影响的加总就表现为宏观层面出口贸易与工资差距的关系，因此考察企业出口对于工资差距的影响有助于从微观视角理解出口贸易与工资差距之间的关系。

图 1.4 为 2000～2010 年内我国出口企业数量的月度统计，可以看出加入世贸组织后我国出口企业数目各月份同比基本呈现稳定增长趋势，2006 年我国各月份出口企业数目与 2000 年相比已增加超过一倍，尽管 2008 年的金融危机在一定程度上影响了我国的出口市场，出口企业数目有所回调，但各月出口企业仍维持在 8 万家左右。通过上述分析可知，正是由于我国出口市场中活跃着大量的企业从而呈现出我国出口贸易的不断增长与结构调整。

首先，出口会扩大企业产品的消费市场，使得企业具有更大的获利空间

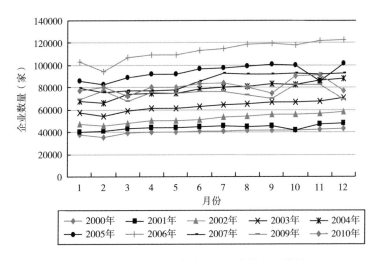

图 1.4 2000～2010 年出口企业数量月度统计

说明：由于 2008 年 4、5、6 月份数据缺失，2010 年之后海关数据统计口径为年度数据，因此 2008 年及 2010 年之后数据并未在图中具体列出。

资料来源：根据中国海关数据库整理得到。

并且可以分散企业仅在本国市场销售的风险。然而，进入出口市场却需要高额的固定成本投入，企业可能将原本用于提高国内销售产品质量、改善企业生产技术的资源用于出口成本的投入，最终反而可能制约了企业的长期发展。因此，进入出口市场之前，企业不得不进行成本与收益的考量，对于企业出口规模的选择同样如此。其次，科学技术迅速发展，产品更新换代速度加快，企业不可能一味追求在所有生产环节都具有绝对优势，越来越多的企业倾向于将不具有比较优势的生产环节外包出去，我国廉价劳动力的比较优势使得大量企业承接来自发达国家低技术生产环节外包活动或参与加工贸易，因此，企业以何种形式参与国际竞争与合作，是一般贸易还是采取其他特定的贸易形式，同样需要企业做出抉择。最后，将产品销往何处也是企业所要面对的问题。向发达国家出口可能使得企业生产过程需要更高的技术，相应出口行为对技能密集程度的要求会更高，需要更多技术研发方面的投入，而向发展中国家出口对于技术水平的要求则可能相对较低，但同时却需要面对目的国政策不稳定性等风险，因此企业需要根据自身特点选定出口市场。

随着我国参与国际合作与竞争程度的加深，企业在出口过程中，更多的只是追求降低生产成本、提高生产效率以及如何实现利润最大化，而政府及相关部门，却不得不关注日益发展的出口贸易对收入分配所造成的影响。此外，基于凯尼曼和特沃斯基的参照点理论，劳动工人会倾向于选取与自己临近的其他工人作为参照点，以评价自己的收入状况。因此，同一企业内部不同类型劳动工人的工资差距无疑成为了人们所关注的重点。在市场化改革的背景下，企业内部适度的工资差距可以调动企业劳动工人的积极性，但这种工资差距如果过大，一方面会使得低收入者仅仅能够维持基本的生活，无法满足自身技能培训和子女文化教育的需要，从而会抑制我国的人力资本投资；另一方面，则容易引起低收入工人的埋怨与不满情绪，并造成企业内部员工之间的矛盾，进而破坏团队凝聚力，不利于团队合作。此外，过大的工资差距可能成为社会不稳定的重要因素，对于经济发展环境的和谐具有负面影响，从长远看会制约我国经济增长。

二、研究意义

经济学基础理论试图从多角度考察经济发展，不仅关注经济增长，同时也关注社会的公平性问题，更好地协调经济增长与社会公平的关系始终是理论研究与政策制定的目标之一。为了更加深入地探讨中国在开放背景下工资差距扩大的成因，加深对收入差距理论与现实的理解，关于国际贸易与工资差距问题的研究就极为必要。传统理论集中在封闭条件下展开收入差距的研究，更为关注收入差距受到一国国内因素的影响，但在开放条件下，收入差距问题与封闭经济相比具有很多特殊性，在研究收入差距问题时引入贸易因素，可以更为全面地寻求解决贫富差距问题的途径，为政府部门提供政策参考。国际贸易对于中国经济增长的巨大促进作用是有目共睹的，但贸易的福利效应在中国却出现了理论与实践相背离的情况，究其原因是贸易理论的局限性以及中国对外贸易战略的不完善所导致，综合研究贸易与工资差距的关系也为从收入分配视角思考贸易开放战略提供了借鉴，具有现实意义。

此外，对于贸易发展过程中工资差距扩大的现象，现有国际贸易的经典理论无法很好地加以解释，并且已有研究多借鉴发达国家的研究模式分析发展中国家的问题，对于发展中国家贸易的特殊性考虑不足，这些都需要从理论与实践上进一步拓展与完善。为了使得理论能够更好地反映现实，越来越多的文献开始尝试在经典模型的基础上进行相应的补充与发展。然而受到数据样本的限制，现有针对发展中国家实证检验的研究大多采用国家层面、省级层面或行业层面的宏观数据，虽然有利于考察经济发展水平和产业结构变化等宏观因素对于工资差距的影响，但缺少对出口影响熟练劳动工人与非熟练劳动工人工资差距的微观机制分析，因此，从企业出口角度考察贸易与工资差距也是对国际经济学相关研究的推进。

第二节　研究思路与方法

一、研究思路

出口市场中大量活跃的企业有着不同的出口规模、不同的出口形式和不同的出口目的国市场，而这些出口企业的异质性特征是由新成立企业、内销企业或在位出口企业的一系列与出口相关的行为所决定。因此，本研究将以企业出口行为为切入点，区分出口的几个主要方面——"是否出口""出口多少""如何出口"以及"出口向何处"，从多角度考察贸易对熟练劳动工人与非熟练劳动工人之间工资差距的影响。其中，"是否出口"和"出口多少"分别涉及企业出口的扩展边际和集约边际，相关概念最早源于经济学中对消费者是否进入市场以及在位消费者消费数量的描述，异质性企业贸易理论中的扩展边际和集约边际也有类似的含义（Persson，2008）。本书分析将沿用相关概念，将扩展边际和集约边际界定为企业新进入出口市场以及在位出口企业出口占比变动的行为。

本书具体分为八章，并按照以下顺序安排各章节的内容：第二章为文献综述，第三章为企业出口对工资差距影响分析的理论推导，第四章至第七章为对第三章的经验分析，第八章为本研究主要的结论与政策建议。

在第二章文献综述部分，分别从理论推导与经验分析角度对有关贸易与工资差距的相关文献进行了梳理。对于从理论层面分析贸易与工资差距的一支文献，对比较优势理论与要素禀赋理论的回顾与扩展、异质性企业理论以及消费者异质性理论等几个方面进行了总结，并对各领域内重点文献进行了详细介绍。对于经验文献的梳理，同样基于上述思路，对相关方面的代表性文献进行了归纳与讨论。

在第三章理论模型部分，以异质性企业理论和劳动市场不完全性特征理论为基础，分别讨论了企业出口扩展边际、集约边际、贸易形式以及出口市场对企业内工资差距的影响，并得到以下四个重要命题：第一，随着贸易自由化程度的提高，新进入出口市场的企业会拉大企业内不同类型劳动力之间的工资差距。第二，对出口企业而言，随着企业出口占比的提高，企业会获得更高的利润，由于熟练劳动力比非熟练劳动力具有更强的讨价还价能力，熟练劳动工人会获得更高的绩效工资，从而使得企业内不同类型劳动力之间的工资差距会进一步扩大。第三，企业在承接外包或参与加工贸易等存在核心中间品进口生产环节等特定贸易形式的情形下，中间投入品对企业熟练劳动力投入需求的"替代效应"和"产出效应"，会通过影响企业生产率进而影响企业利润，最终会使得企业内熟练劳动工人与非熟练劳动工人之间的工资差距扩大或缩小：当"替代效应"占主导的情形下，最终表现为企业内不同类型劳动力之间工资差距的缩小；在"产出效应"占主导的情形下，则最终表现为企业内不同类型劳动力之间工资差距的扩大。第四，随着企业出口目的国市场消费者收入水平的提高，可能会通过带来企业产品质量升级和提高企业销售产品服务成本两条途径来增加企业对熟练劳动力的相对需求，进而通过提高企业生产率来增加企业利润，最终扩大企业内不同类型劳动工人之间的工资差距。

第四章检验了理论分析部分的命题1，即考察企业出口的扩展边际对企业内工资差距的影响，具体分析中采用倾向得分匹配估计的方法，从企业出口行为的"是否出口"方面进行了考察；第五章检验了理论分析部分的命题2，即考察企业出口的集约边际对企业内工资差距的影响，考虑到内生性问题，具体分析中同时采用了固定效应模型与系统广义矩估计，从企业出口行为的"出口多少"方面进行了考察；第六章检验了理论分析部分的命题3，即考察企业参与特定贸易形式对企业内工资差距的影响，具体分析中分别采用替代指标的构建以及工具变量等方式以验证估计模型的稳健性，从企业出口行为的"如何出口"方面进行了考察；第七章则检验了理论分析部分的命题4，即考察企业出口目的国市场对企业内工资差距的影响，具体分析中同时验证了出口高收入国家可能存在的影响途径，从企业出口行为的"出口向何处"方面进行了考察。

第八章是本研究的主要结论，对本书研究的主要结果进行了概括，并据此为我国出口贸易的发展提出了相关的政策建议。本书的主要逻辑框架结构如图1.5所示。

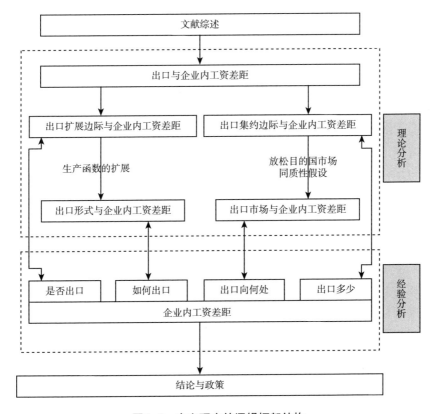

图1.5　本文研究的逻辑框架结构

二、研究方法

（一）模型构建与经验分析方法介绍

本书采用理论推导与经验分析相结合、定性分析与定量分析相结合的研

究方法。理论推导层面，本书以异质性企业理论和劳动市场不完全性特征理
论为基础，首先分析了企业出口的扩展边际与集约边际对于熟练劳动工人与
非熟练劳动工人之间工资差距的影响，在此基础上，扩展了出口企业的生产
函数形式并放松了目的国市场结构同质性假设，进一步分析企业参与特定贸
易形式与出口不同目的国市场对于工资差距的影响。

在理论模型的基础上，实证研究利用 2000～2007 年中国工业企业数据库
与海关数据库的匹配数据，根据企业出口行为的几个方面——"是否出口"
"出口多少""如何出口"以及"出口向何处"，验证其对于工资差距的影响。
考虑到不同章节所研究的问题与数据样本特征，经验分析分别采用了相应的
计量方法，并对各章节中的主要指标与模型稳健性进行了检验。例如，对于
出口扩展边际的分析，考虑到新出口的企业可能由于某些原因，在进入出口
市场之前，企业内工资差距就与未出口企业存在显著差异，导致这些差异的
因素也同样可能影响企业是否进入出口市场，从而使得进入出口市场对于企
业内工资差距的影响难以被有效解释，因此采用倾向得分匹配估计方法进行
分析；出口形式一章，对内生性问题，分别构造世界出口总供给、世界出口
总需求、进口国际汇率和出口国家汇率工具变量组，利用两阶段最小二乘法
对固定效应模型进行了修正；由于企业出口集约边际章节受到数据样本的限
制难以得到有效的工具变量，因此在面板数据分析的基础上，进一步通过系
统广义矩估计对模型的内生性问题进行了控制。这种理论推导与经验分析相
结合的研究方法既满足了本书分析的系统性与完整性的要求，又能够提高本
书结论的准确性与可信性，使得研究有理有据。

（二）核心指标构建——企业内工资差距的测度

1. 非熟练劳动力同质性假设下企业内工资差距指标的估算

假设企业 v 的平均工资为 $\bar{w}_v$，熟练劳动工人占比为 θ_v^s，熟练劳动工人与
非熟练劳动工人的工资分别表示为 w_v^s、w_v^u，根据平均工资的定义，有如下
公式：

$$\bar{w}_v = \theta_v^s w_v^s + (1 - \theta_v^s) w_v^u \tag{1.1}$$

对上式进行化简，熟练劳动力与非熟练劳动力之间的工资差距如下所示：

$$d_v = w_v^s - w_v^u = (\bar{w}_v / \theta_v^s) - (w_v^u / \theta_v^s) \tag{1.2}$$

根据（1.2）式可知，计算企业不同类型劳动力的工资差距，需要企业平均工资、熟练劳动力占比以及非熟练劳动力工资的数据。然而，中国工业企业数据库仅包含企业的平均工资和熟练劳动力占比的数据，其中将企业中高中及以上学历的工人定义为熟练劳动力。根据蔡昉（2010）、陈波和贺超群（2013）的研究，2000 年之后农村劳动力向城市净流入迅速降低，这表明城市中非熟练劳动力与农村收入差距趋同，农村个人劳动收入在很大程度上可以反映制造业中非熟练劳动工人的工资。考虑到企业内非熟练劳动工人具有很强的同质性，因此可以选用各省份的农村个人劳动收入①作为非熟练劳动力工资的替代指标。将 2000～2007 年各省份的农村个人劳动收入与企业所在省份和年份进行匹配，作为企业非熟练劳动工人工资的替代指标。

此外，根据戈德堡（Goldberg，2010）的分析结论，生产率较高的企业可能更倾向于雇用熟练劳动工人，从而会导致企业熟练劳动力占比与企业生产力之间具有正向的相关关系。为了避免企业在选择劳动力类型时所产生的内生性问题，将企业熟练劳动工人与非熟练劳动工人的比例固定为 2004 年的比例，2004 年正好位于样本区间的中间位置，可以近似认为其他年份的企业熟练劳动力占比与 2004 年的相似。将企业平均工资、非熟练劳动工人工资以及企业熟练劳动工人占比代入（1.2）式，计算得到企业内熟练劳动工人与非熟练劳动工人之间的工资差距指标。

2. 行业内工人利润分成不变假设下企业内工资差距指标的估算

考虑到同一行业熟练劳动力在不同出口企业之间工资是不同的，假设 j 行业的出口企业 v 在年份 t 支付给其熟练劳动工人的工资 w_{vjt}^s，并且可以分解为所在行业平均工资 w_{jt}^s 和企业对熟练劳动力的特定支付的波动 ε_{vjt}^s，即 $w_{vjt}^s = w_{jt}^s + \varepsilon_{vjt}^s$；同理，企业非熟练劳动工人可以分解为行业平均非熟练劳动力工资和企业对非熟练劳动力的特定支付，即 $w_{vjt}^u = w_{jt}^u + \varepsilon_{vjt}^u$。因此，企业内不同类型劳动力之间工资差距记为

$$d_{vjt} = w_{vjt}^s - w_{vjt}^u = (w_{jt}^s - w_{jt}^u) + (\varepsilon_{vjt}^s - \varepsilon_{vjt}^u) \tag{1.3}$$

---

① 数据来源于相应年份的《中国统计年鉴》。

在第二个等式中，第一部分为企业所在行业层面熟练劳动力与非熟练劳动力之间的工资差距，简记为 α_{jt}，第二部分为企业层面熟练劳动力与非熟练劳动力之间的工资差距。结合理论模型的分析和相关文献的假设（Egger and Kreickemeier，2009；Amiti and Davis，2012；Bo，Yu and Yu，2013），考虑到企业层面的工资差距为企业的利润函数：在企业盈利较多的情形下，与非熟练劳动工人相比，熟练劳动工人由于具有更强的讨价还价能力，从而会分得更多的企业红利。因此，由于企业的不同所导致的工资差距可以记为

$$\varepsilon_{vjt}^{s} - \varepsilon_{vjt}^{u} = \gamma_{jt}\pi_{vjt} \qquad (1.4)$$

其中 π_{vjt} 为 j 行业中企业 v 在 t 时期的企业利润，γ_{jt} 为分成比例，假设在 t 期时对于同一行业内的企业是一致的。因此，可以得到企业平均工资差距：

$$d_{vjt} = \alpha_{jt} + \gamma_{jt}\pi_{vjt} \qquad (1.5)$$

为了得到出口企业内不同类型劳动力之间的工资差距，结合上式进行估计。根据中国企业层面的数据，已知变量为行业 j 的出口企业 v 在 t 时期的平均工资 $\bar{w}$ 以及企业内熟练劳动力所占比例 θ_{vjt}，因此，根据企业平均工资定义可以得到

$$\bar{w}_{vjt} = \theta_{vjt}w_{vjt}^{s} + (1 - \theta_{vjt})w_{vjt}^{u} \qquad (1.6)$$

将熟练劳动工人工资的构成代入上式，得到

$$\bar{w} = \theta_{vjt}(w_{jt}^{s} + \varepsilon_{vjt}^{s}) + (1 - \theta_{vjt})w_{vjt}^{u} \qquad (1.7)$$

并且将熟练劳动力工资与非熟练劳动力工资按照上述分析在行业层面和企业层面进行分解整理，得到

$$\bar{w} = w_{jt}^{u} + \theta_{vjt}\alpha_{jt} + \theta_{vjt}(\varepsilon_{vjt}^{s} - \varepsilon_{vjt}^{u}) + \varepsilon_{vjt}^{u} \qquad (1.8)$$

此外，将不同类型劳动工人从企业获得红利与利润相关的假设式（1.4）代入（1.8）式，得到

$$\bar{w} = w_{jt}^{u} + \theta_{vjt}\alpha_{jt} + \gamma_{jt}(\theta_{vjt}\pi_{vjt}) + \varepsilon_{vjt}^{u} \qquad (1.9)$$

上式中，由于变量 w_{jt}^{u} 是随着行业和年份数据变化的，在上式估计的过程中，若对特定年份的不同行业分别进行估计，则可以得到在回归分析中 w_{jt}^{u}

是固定不变的。因此，在企业平均工资、企业内熟练劳动力占比以及企业利润已知的情形下，通过上式可以得到系数 $\hat{\alpha}_{jt}$ 和 $\hat{\gamma}_{jt}$，并将估计得到的系数代入到（1.5）式，可以得到企业内不同类型劳动力之间工资差距的估计值如下：

$$\hat{d}_{vjt} = \hat{\alpha}_{jt} + \hat{\gamma}_{jt}\pi_{vjt} \tag{1.10}$$

通过（1.10）式，可以进一步得到估计结果。

第三节　创新点与未来研究方向

一、可能的创新点

本书首先从理论上研究了企业出口行为对于企业内工人工资差距的微观机制，并结合中国工业企业数据库与海关数据库的匹配数据进行了实证研究。与现有研究相比，本研究可能存在的创新点如下：

第一，不同于传统研究基于宏观视角的考察，本书从微观的视角分析了出口贸易对工资差距的影响，并进一步将企业出口行为进行分解，细化企业出口过程中可能涉及的主要方面——"是否出口""出口多少""如何出口"以及"出口向何处"，对收入不均衡的影响。此外，选取企业内熟练劳动工人和非熟练劳动工人之间的工资差距作为收入不均衡性的衡量指标，同时兼顾了对公平与效率的衡量。

第二，本书的理论分析在新－新贸易理论的框架之下，讨论了出口的扩展边际与集约边际对企业内工资差距的影响，同时考虑到我国加工贸易和承接外包等多种贸易形式并存以及出口目的国市场广泛性等特征，分别扩展了生产函数的形式并引入目的国市场异质性假设，从更具现实性的角度，探讨了出口贸易对工资差距的影响。

第三，在经验分析中，针对不同分析问题与数据特征采用相关估计方法，以提高估计的准确性和可靠性，并结合 2000～2007 年中国工业企业数据库与海关数据库的匹配数据，系统考察了企业出口对企业内工资差距的微观作用，本书所采用的是目前可得数据中观测值最大的样本，因此研究结论更具有一般性。

二、未来的研究方向

本书重点考察了企业出口行为对于熟练劳动工人与非熟练劳动工人之间工资差距的影响，由于受到数据和篇幅的限制，经验分析层面尚有待进一步地深入展开，而这些方面正是本研究所存在的不足，也是今后需要进一步研究的方面。

第一，由于2008年及之后年份的中国工业企业数据并未统计工人的工资指标，因此分析样本区间仅选取2000～2007年，分析中并未涵盖金融危机的相关年份。与之前年份相比，在金融危机爆发后的经济萧条时期企业出口对于我国熟练劳动工人与非熟练劳动工人工资差距的影响结论又将如何？随着数据指标的进一步完善，对于金融危机时期出口的影响研究是十分重要的。

第二，与我国的情形相似，其他发展中国家也面对着国内贫富差距日益扩大的问题，因此，如果利用跨国层面的企业微观数据，将本书的研究扩展到其他收入不平衡的发展中国家，则对于其他国家的企业出口和贸易政策制定会存在一定的借鉴意义。

第三，研究中企业内熟练劳动工人与非熟练劳动工人的工资差距的指标，采用了非熟练劳动工人同质性与行业内利润分成不变两种假设，估算得到的数据难免存在一定的不准确性。目前可知更为准确计算企业内工资差距指标的方式是将企业数据与雇主雇员层面数据进行匹配，然而，目前利用中国的数据是难以实现的。因此，随着数据的进一步发展和完善，如何更加准确地测度企业内工资差距，也将作为进一步研究的方向。

第四，在研究切入点选择中可能难以全部覆盖出口行为与工资差距的各个方面，而是选择相对更具有代表性的问题展开分析。例如，关于新进入出口市场企业分析，并未考察一年当中不同月份进入之间的差异；关于企业参与特定贸易形式的衡量主要采用了广义外包指标和狭义外包指标，而并未涉及加工贸易；出口市场分析则主要选取了人均收入水平作为目的国市场的典型特征，而并未太多涉及目的国市场收入分配、人口规模等其他特征；此外，本研究主要关注熟练劳动力与非熟练劳动力之间的工资差距，而并未过多涉及工资差距的其他方面。在本书的基础上，可以对相关章节未涉及的内容加以进一步的扩展研究。

第二章　国际贸易与工资差距：文献述评

第一节 贸易与工资差距的理论综述

一、基于比较优势理论框架的分析及其扩展

（一）基于比较优势理论框架的分析

早期贸易理论中 H－O 定理（Heckscher Ohlin theory）与 SS 定理（Stolper Samuelson theory）为国际贸易与工资关系的研究奠定了基础。对于发达国家与发展中国家相对工资差距不断扩大的解释，传统理论主要基于 H－O－S（Heckscher Ohlin Samuelson）模型。在 H－O 模型中，生产要素在行业之间可以自由流动，但在国家间是不可以的。因此，要素无论投入一国的哪个行业都能够获得同样的收入，贸易则通过改变要素价格最终导致收入的不平等。在两要素模型中，这意味着贸易会增加一国禀赋相对丰裕的要素实际收入而降低其他要素的实际收入，即 SS 定理。如果两个要素分别为熟练劳动力与非熟练劳动力，那么由于国际贸易会提高发达国家熟练劳动力的实际收入并降低非熟练劳动力的实际收入，最终会增加发达国家的收入不平等性；同理，国际贸易会降低发展中国家熟练劳动力与非熟练劳动力之间的收入差距。在多要素模型中，贸易会普遍提高一国所拥有的要素禀赋相对较高的要素群价格（Deardorff，1982），结论与两要素模型结论一致。

然而，相关研究注意到上述经典理论在解释贸易对收入不平等性影响的研究方面也存在问题，例如 SS 定理难以解释不同国家生产不同产品的情形，此外，传统的要素禀赋理论并未考虑劳动市场不完全性（Harrison and McMillan，2007）。因此，为了使得理论能够更好地反映现实，越来越多的文献开始尝试在经典模型的基础上进行相应的补充与发展。

（二）比较优势理论框架下的新发展

1. 分阶段生产

近期文献从不同视角对比较优势理论进行了全新的诠释，也为贸易与收

入不平等问题的研究提供了新的研究思路，尤为值得关注的是比较优势理论与任务贸易问题的结合。

芬斯特拉和汉森（Feenstra and Hansen，1996）提出了外包模型，即在一国生产的企业将不同生产任务分配到给其他国家的工人。在模型中，一个竞争性行业仅生产单一的产品，其中每个企业分别雇用熟练劳动工人与非熟练劳动工人来完成一系列的生产任务，并且以生产技术密集度为基础进行分类。模型中包含两个国家，具有不同相对供给的熟练劳动力与非熟练劳动力。由于在发达国家熟练劳动力的成本价格较低，因此从成本最小化角度考虑，企业将生产过程进行拆分，将技术密集度较高的生产阶段分配给熟练劳动工人禀赋相对丰裕的国家来完成，将技术密集度较低的生产阶段分配给非熟练劳动工人禀赋相对丰裕的国家来完成。换句话说，对位于发达国家的企业而言，在生产过程中将技术密集型相对较低的生产阶段外包给发展中国家，或者从发展中国家进口非熟练劳动力密集型的中间产品。在上述情形下，如果环境进一步改变，外包变得更加容易，那么原本生产过程中所需要的非熟练劳动力密集型的阶段会增加，位于发达国家的企业会将更多且技术密集程度相比之前更高的生产阶段外包到发展中国家，而将技术密集程度最高的生产任务留在本国，在上述情形下，两国将同时增加对熟练劳动工人的需求。与传统的 H－O 理论模型预测货物贸易会扩大发达国家收入差距而缩小发展中国家收入差距的结论不同，外包理论模型预测任务贸易会同时扩大发达国家和发展中国家中熟练劳动工人与非熟练劳动工人的工资差距。在芬斯特拉和汉森（Feenstra and Hansen，1996）外包模型的基础上，朱和特雷夫莱（Zhu and Trefler，2005）从多阶段贸易角度对比较优势理论进行了补充。假设北方国家具有技能密集型产品和技术进步的比较优势，在贸易过程中南方国家将会从北方国家中获得更多的技术进步，因此北方国家会将更多技术密集型产品环节转移到南方国家，在这个过程中，南方国家和北方国家对于熟练劳动力的需求均会增加，从而提高两个国家的技能溢价，同时扩大两国的不同技能工人的工资差距。

艾瑟尔（Ethier，2005）以部门内投入之间的关系为出发点，假设参与外包与非熟练劳动力之间是高度替代的，生产设备与熟练劳动工人之间则具有一定的替代性，从全球化角度解释了企业参与外包对于不同类型劳动力之间工资差距的影响。格罗斯曼和罗西－汉斯伯格（Grossman and Rossi-Hans-berg，2006）在芬斯特拉和汉森（Feenstra and Hansen，1996）研究的基础上进一步考察了任务贸易。研究认为在外包的情形下，会使得本国低技能密集型产品的产出增加、低技能产品的价格下降、零利润条件上移，从而提高高技能工人的工资，并降低低技能工人的工资。巴赫和白德娣（Batra and Bela-di，2010）在修正企业生产函数的基础上，将外包融入到国际贸易两部门两要素模型，假设外包既包括熟练劳动力密集环节，同时也包括非熟练劳动力密集环节，随着运输成本的下降，发达国家会将非熟练劳动力密集环节外包给发展中国家，从而随着一国贸易企业大量参与外包过程，会使得本国工资差距扩大。艾美和戴维斯（Amiti and Davis，2011）在研究外包对不同企业工资的影响时，首次考虑进口中间品关税与出口最终产品关税削减对于企业工资差距的影响。结论表明，降低出口关税会提高出口企业的工资，而降低进口关税会使得进口企业相比于仅从本地进口企业的工资增加幅度更大，即关税的降低会导致不同类型企业之间工资差距的扩大。上述研究大多只考虑了外包对工资差距的直接影响。安瓦尔（Anwar，2013）基于产品多样化模型，研究外包对于熟练与非熟练劳动工人之间的工资差距，分析中同时考虑了外包存在的直接影响与间接影响，认为外包会提高熟练劳动工人的有效工资，同时会降低非熟练劳动工人的工资，因此，总体上会进一步拉大不同类型劳动工人之间的工资。

随着发展中国家参与外包程度的不断加深，对于还处于外包承接方的发展中国家而言，外包会如何影响国内工资逐渐受到理论研究的关注。与对发包国家的研究不同，对于外包影响发展中国家的工资差距的方向与程度，并未形成一致的结论。格拉斯和萨吉（Glass and Saggi，2001）在比较优势基础上，研究外包对于承包方国家工资差距的影响，并解释了外包的工资效应，认为工资的负向效应可以被外包技术创新所弥补，即认为外包是否会拉大承包方国家的工资差距，需要比较发展中国家承接外包过程中对熟练劳动力替代效应与创新效应的大小而定，即具有一定的不确定性。施特勒尔（Stähler，2007）认为企业在参与外包过程中可以节约成本，但需要对本地劳动力进行相关培训，均衡状态取决于节约成本与培训成本的关系，外包会通过培训存在正向的技术外溢，认为外包有利于发展中国家，可以增加发展中国家的劳动力雇佣与技术升级。米勒和兰詹（Mitra and Ranjan，2010）将搜寻失业模型应用于研究外包的影响，研究表明特定行业的任务贸易会降低该行业的国内失业率，从而为国内劳动力提供更多的就业岗位，最终增加劳动力的需求。刘瑶（2011）通过建立两种商品多种投入要素的特定要素模型，分析外包对于要素价格的影响，研究认为外包有利于特定要素所有者，因此在一定程度上会扩大熟练劳动工人与非熟练劳动工人之间的工资差距。

2. 技术进步与创新

从技术扩散与技能溢价角度对传统比较优势理论进行新的诠释，成为基于比较优势理论考察贸易与工资差距的另一个重要方面。耶普尔（Yeaple，2005）在初始同质性企业与劳动市场完全竞争的前提下，认为出口企业会采用不同生产技术，进而选择雇佣不同类型劳动者的数量，由于企业雇佣的劳动者、采用的生产技术与进行贸易成本的差异，最终会导致企业异质性。在劳动市场不存在摩擦的假设下，同类型劳动者会被支付相同的工资，出口企业由于采用先进技术，雇佣更多熟练劳动工人，因此会支付工人更高的工资。伯纳德等（Bernard et al，2007）的研究在垄断竞争的假设下，分析国际贸易对于国家、行业的影响。不同生产率以及行业的不同要素密度，使得资源在不同国家与行业内重新分配，这一分配过程会增加高效率企业对于资源的需求，在充分就业的情形下，高效率企业为了获得更多的劳动要素，会支付更高的工资。此外，高效率企业往往伴随着生产过程的高技术投入，因此对于熟练劳动力的需求会更高，从而使得熟练劳动力工资增加的幅度更大，最终使得不同类型劳动力之间相对工资差距的扩大。蒙特（Monte，2011）分析了技能偏向性技术与贸易一体化对于工资比率的影响。结果表明，工资差距同时来自于技术升级与贸易一体化，两种冲击对于不同企业具有不同影响，会增加低技术企业的竞争压力，并增加高技术企业数量。哈根和雷谢夫（Harrigan and Reshef，2011）分析了技能溢价问题，认为不断上升的全球化与工资不平等是因为贸易自由化提高了对于技术密集型企业的需求，即生产率高的企业在出口方面更容易具有比较优势，而与企业不同生产率对应的是企业不同熟练劳动力的密集度，为了更好适应出口的需要，企业不断引入新的技术，并雇佣更多的熟练劳动力，通过增加技能溢价，最终增加了熟练劳动力与非熟练劳动力之间工资的不平等性。伯斯坦和沃格尔（Burstein and

Vogel，2010）通过构建贸易与跨国生产模型研究全球化对于熟练劳动力与非熟练劳动力禀赋不同国家技术溢价的影响，从不同国家要素禀赋与部门生产率、不同部门生产者间的技术异质性以及技能偏向性等角度进行了讨论。结论认为随着贸易与跨国生产成本的降低，资源会更多流向具有熟练劳动力要素禀赋优势的国家，最终增加具有要素禀赋优势国家的技术溢价，从而加大这种国家的工资差距。乌内尔（Unel，2010）利用两要素与两部门模型，并假设各部门产品之间具有不完全替代性且要素密集度不同，各部门均存在连续的异质性企业可以提供差异化产品，理论模型研究了与相似国家开展贸易对于工资差距的影响。结果表明，在上述情形下，会使得各部门内企业增加对于熟练劳动力的需求，从而增加熟练劳动力与非熟练劳动力之间的工资差距。巴斯科和麦斯特瑞（Basco and Mestieri，2013）同样通过建立两国模型，考虑不同发展水平国家之间开展贸易对于工资差距的影响。分析中假设发达国家具有熟练劳动力优势，并分别定义了低技术劳动力密集的产品贸易与中等技术密集的产品贸易两种方式。结果表明，发达国家工资差距会随着开展低技术劳动密集型产品贸易而扩大，而对于发展中国家而言，在两种贸易形式下，工资差距均会扩大。梁俊伟和张二震（2009）则通过技术进步的引入，考虑两要素、两国家与多产品的贸易模型，分析参与贸易的企业将部分环节外包给要素成本相对较低的国家生产会增加企业的收益，进而提高企业工资。潘士远（2007）构建学习效应有偏模型研究了贸易对于熟练与非熟练劳动力工资差距的影响。研究认为，学习效应使得贸易构成中增加了对于熟练劳动力的需求，进而使得熟练劳动与非熟练劳动之间的工资差距扩大。

部分理论研究表明创新可能成为贸易影响收入分配的一条重要的途径，以比较优势和 H-O 的理论框架为基础，但具体分析方式上却存在显著差异。迪诺普洛斯和西格斯托姆（Dinopoulos and Segerstrom，1999）采用两国增长模型，各国存在连续性行业且每个行业内企业通过研发竞争技术霸权。对于每个行业而言，拥有最高技术的企业即领导企业将占领整个市场，价格则受到最优技术成本的限制。当行业内其他企业研发技术获得突破时，将成为该行业的领导企业。每个国家行业中的领导企业将出口产品，并与另一国国内企业竞争，各国将采取统一的关税以阻止国内消费者购买进口产品，最终降低了领导企业的获利空间，降低了企业研发的积极性。因此，随着贸易自由化程度的提高，会显著促进各国的研发与经济增长，与此同时，由于研发投入需要更多熟练劳动工人，因此贸易自由化会增加各国的收入差距。同样基于创新研发的思路，内瑞（Neary，2003）以古诺模型为基础，结论认为随着贸易自由化厂商会有激励进行研发创新以降低边际成本，提高产品竞争的优势，最终会提高技术密集型的研发支出同时带来收入的不平等性。随着新 - 新贸易理论的出现，贸易研究主体也越来越呈现微观化趋势，接下来我们将进一步阐释异质性企业理论在分析贸易影响工资差距其他方面的应用与扩展。

二、基于企业异质性理论框架的分析及其扩展

随着贸易自由化范围的扩大与程度的加深，不仅在美国、欧盟等发达国家出现了熟练劳动力与非熟练劳动力之间相对工资差距不断扩大的现象，在中国、墨西哥、印度等发展中国家也同样出现了类型的现象。但是，对于造成工资差距的主要原因是什么，上述机制在不同国家中是否又发挥了显著作用？此外，H－O－S 理论无法从根本上解释众多发展中国家相对工资不断扩大的事实，也使得 H－O－S 理论的适用性受到质疑。基于上述现实，现有研究逐步放松传统贸易理论的相关假设，并将所研究的对象微观化，试图从企业异质性角度阐述企业出口对工资差距的影响。

梅里兹（Melitz，2003）将异质性企业的垄断竞争引入贸易理论，是贸易理论发展的重大推进。为了探究异质性企业对于贸易和工资差距问题的影响，首先对异质性贸易理论进行简单回顾。对于连续的潜在产品，消费者有固定替代弹性的偏好。进入市场需要固定成本 f_e，同时获得一个生产率水平 φ。φ 只有在进入市场固定成本投入之后才能够获知。部分企业将立即退出市场，因为其生产率水平过低难以补偿固定生产成本。在封闭情形下，生产率水平由企业进入支付的固定成本 f_e 和边际生产率 φ_a^* 决定，并同时满足零利润条件与自由进入条件。其中零利润条件要求生产率低于 φ_a^* 的企业退出市场，生产率为 φ_a^* 的企业在市场中所获得的利润为零，生产率高于 φ_a^* 的企业可以获得正利润。自由进入条件则要求潜在企业能够自由进入市场，从而保证企业的长期均衡利润为零。在开放情形下，模型假设存在 $n+1$ 同质性国家，企业出口需要支付固定的出口成本 f_x，此外还存在冰山成本，即运输中

存在部分损失。由于固定出口成本的存在，只有高生产率的企业将进行出口，因此均衡时不仅存在进入市场的生产率水平 φ^*，同时存在出口的边际生产率水平 φ_x^*，并且 $\varphi_x^* > \varphi^*$。因此生产率 φ 位于 $[0, \varphi^*]$ 的企业将退出市场，生产率位于 $[\varphi^*, \varphi_x^*]$ 的企业将仅在国内销售，生产率高于 φ_x^* 的企业将进入出口市场。模型的另一个关键结论为与封闭条件相比，开放情形下进入市场的边界生产率水平 $\varphi^* > \varphi_a^*$。因此，自由贸易会提高生产率水平。在上述讨论中并未过多涉及工资差距问题，因为假设中劳动市场是完全的且所有劳动工人是同质的，所有工人的工资相等。唯一可能涉及收入不平等性的是利润问题，不同企业会获得不同水平的利润，在一定程度上可能影响收入分配（Harrison et al, 2007）。企业异质性模型并未过多关注收入分配问题，因此也并未提供收入分配的相关理论。接下来，将讨论部分以梅里兹（Melitz, 2003）模型为基础关于贸易与收入分配问题的代表性理论。

一种代表性理论假设是将市场摩擦引入到梅里兹（Melitz, 2003）的模型中，工人关注获得工资报酬的公平性（Egger and Kreickemeier, 2009）。均衡时是存在失业的，即使存在剩余劳动力供给，雇主也没有激励降低工资，因为会担心降低工人的努力程度。其中公平感要求对于生产率水平更高的工人应当获得更高的报酬，利润更高的企业应当支付更高的工资，从而造成企业之间的工资差异。因此，艾格和科瑞克米尔（Egger and Kreickemeier, 2009）的模型会产生工资差距，并且会受到贸易的影响。模型假设存在参照工资，形式为

$$w = \varphi^\theta \left[(1 - U)\bar{w} \right]^{1-\theta} \tag{2.1}$$

参照工资主要由工人所在企业效率 φ、总体失业情况 U、工人平均工资 $\bar{w}$ 以及工人关于自己对企业重要性的程度评估 θ 所决定，工人会将实际工资与参照工资进行比较以衡量工资的公平性，当支付给工人的工资大于等于参照工资时，工人将努力工作，反之工人将降低努力程度。因此，雇主将支付工人参照工资，并且作为最低工资约束。与梅利兹（Melitz, 2003）的模型一致，在封闭条件下均衡时存在边界生产率 φ_a^*。根据（2.1）式可知，均衡时工资水平在企业间是不同的。此外，随着 θ 值的提高工资异质性特征会更加显著，因为与边界生产率企业相比，处于高生产率企业的工

人会要求更高的工资。在开放情形下，同样存在边界生产率水平 $\varphi^* > \varphi_a^*$，并且企业出口的边界生产率 $\varphi_x^* > \varphi^*$，即随着贸易开放会提高企业的平均生产率水平，同时会使得采用工人平均工资与最低工资比值衡量的收入不平等性提高。随着贸易的开放，高生产率企业会雇佣更多工人以服务国外市场，然而对于市场中的低生产率企业由于受到进口竞争的冲击将裁员。因此市场的平均工资计算中高工资、高生产率企业的比重将会增加，最终使得工人平均工资与最低工资的比值提高，即工资差距将会随着贸易开放而提高。

以梅利兹（Melitz，2003）为基础的另一方面代表性文献采用了更加传统的效率工资理论研究了贸易与工资差距的问题（Davis and Harrigan，2011）。模型中假设工人会存在偷懒的情况，并且在任何时期企业发现偷懒者的概率是外生给定的。均衡时，每个企业将支付最低工资给偷懒者并且部分员工将被解雇。与梅利兹（Melitz，2003）模型一致，戴维斯和哈根（Davis and Harrigan，2011）假设企业 i 劳动力的边际产品为 φ_i，在任何时期企业发现偷懒者的概率为 p_i，上述假设表明不同企业将支付不同水平的工资：对于发现偷懒者概率 p_i 较大的企业会支付更低的工资，而对于 p_i 较低的企业将支付较高的工资。对于企业而言，边际生产成本为工资与工人边际产品的比值。在发现偷懒者概率 p_i 与生产率 φ_i 不存在高度负相关的情形下，对于 p_i 和 φ_i 较低即高边际成本的企业在贸易开放的情形下将会退出市场，同时由于企业的高边际成本往往由于支付高工资所致，因此贸易实际会降低工资的不平等性。此外，由于高工资企业具有更高的边际成本，因此高工资企业往往不会出口。

赫尔普曼等（Helpman et al，2010）将搜寻摩擦、工人与雇主之间的讨价还价等因素引入到模型中。任何工人与企业之间存在特定的匹配，高质量的匹配会增加企业的生产率，而低质量的匹配则会降低企业的产出，因此企业会倾向于雇佣适合的工人。在企业雇佣工人之后，企业会对工人进行测试以检验匹配质量是否在临界值之上。对于在临界值之上的工人将就工资问题与企业进行讨价还价，在临界值之下的工人将会被解雇，并得不到工资支付。均衡时，高生产率企业会设置更高的匹配质量要求，因为设置更高匹配质量要求需要更高的成本，而只有高生产率企业能够通过高产量来补偿这一严格测试的高成本。因此，对于通过高生产率企业测试的工人对于该企业而言是高效率的，工人与企业的高匹配质量表明工人与企业之间存在很大的讨价还价空间，即工人会要求更高的工资，最终便会导致位于高生产率企业的工人比位于低生产率企业的工人获得更高的工资。而贸易开放则会强化这一效应：高生产率的企业由于出口使得企业的销售规模增加，从而会提出更加严格的测试标准；同时会降低市场中边际非出口企业筛选的标准，因为其产出会由于进口竞争而降低。因此，赫尔普曼等（Helpman et al，2010）最终得到贸易显著增加高技能与低技能劳动力工资差距的结论。戴维森等（Davidson et al，2008）的研究同样在劳动市场存在摩擦的假设下进行分析，推导中考虑了不完全就业与异质性特点。研究结论表明，在劳动力市场存在摩擦的情形下，相比其他非出口企业而言，出口企业的生产率会提高，更高的工资支付使得企业可以雇佣更多的劳动工人，从而使得高低技术工人之间的工资差距拉大，这一现象不仅在企业间，即使在企业内同样存在。安特克（Artuç，2009）的研究中假定工人是可以在不同行业间自由转换的，但是存在着不随时间变化的固定成本以及随时间变化的可变成本，行业间存在着大量的相互转移。在上述假设基础上，最终研究结论表明贸易自由化会减弱对于进口行业的冲击同时缩小出口行业工人的收益。张（Zhang，2013）结合要素流动与贸易产品的差异化，分别从长短期研究了贸易对于工资差距的影响。采用产品种类模型，研究生产者进行国际贸易时对于熟练与非熟练劳动力工资差距的影响。费博马等（Felbermayr et al，2013）分别建立企业的静态与动态分析模型，考虑企业出口规模的增长率对于企业之间以及企业内不同类型劳动力之间工资差距的影响，认为贸易自由化会增加所有工人的实际工资和福利，同时带来工人在企业间的流动，最终会增加不同类型间工人工资的差距。兰瑟勒和米列娃（Lechthaler and Mileva，2013）建立动态一般均衡的贸易模型，引入工人异质性假设，分析认为贸易自由化无论从短期还是长期来看都会增加工资的不平等性，而中长期时工资不平等性是由技能溢价驱动的。

三、基于消费者异质性理论框架的分析及其扩展

接下来将从消费层面进行探究，尽管相关理论研究文献较少涉及，却体

现了贸易与不平等性之间的重要特征，最有代表性的是凡尔伯格等（Fajgelbaum et al，2009），其研究是从消费者角度考察了贸易对于收入不平等性的影响。模型中假设存在两部门经济，完全竞争的同质性计价产品生产部门和垄断竞争的差异化生产部门。两个部门均仅采用劳动力作为生产要素投入，并且工人的生产率是外生的，具有相同的非位似的效用函数，高收入消费者将偏好高质量的产品。两国在除工人生产效率不同其他均一致的情形下，贸易开放会降低高质量产品的运输成本，从而使高质量企业数量增加，使得两国富裕的消费者（熟练劳动工人）受益，在上述情形下，资源大量转向高质量产品的生产，进而减少产品的多样性，并降低非熟练劳动工人的福利。模型从消费层面研究了贸易与收入分配的关系，而之前的相关研究多集中于要素市场层面的考察。

类似研究还有沃霍根（Verhoogen，2007）和松山（Matsuyama，2007）。沃霍根（Verhoogen，2007）从产品质量角度，结合不同目的国出口市场消费者对于产品偏好的影响，研究了消费者特征对工人工资差距的影响。结果表明，随着消费者收入水平的提高，会带动出口企业产品质量的提高和服务成本的增加，从而增加企业对于熟练劳动力的需求并提高了熟练劳动力工资。松山（Matsuyama，2007）从服务成本角度，以冰山成本模型为基础，从贸易成本角度解释出口不同目的国会导致对于熟练劳动力的需求不同，从而解释了出口导致工资溢价的原因所在。布兰比拉等（Brambilla et al，2010）、安瓦尔和孙（Anwar and Sun，2012）在贸易自由化与开放的市场竞争条件下，探究了出口、出口目的国与技术升级关系。研究认为，向高收入国家消费者出口的企业，会使得企业进行更多的技术升级，雇佣更多熟练劳动力，从而增加企业不同类型的工资差距。

第二节 贸易与工资差距的经验分析

关于贸易与收入差距的经验分析文献大量存在。部分经验文献早于异质性企业理论，因此我们集中检验了比较优势理论框架下贸易与工资差距的关系，近年来部分文献同样对于传统贸易理论进行了重新审视。接下来将按照经验文献对于不同理论的检验，分别进行归纳。

一、基于比较优势理论框架及其扩展的经验分析

（一）基于比较优势理论框架的经验分析

对于比较优势理论的检验，现有经验研究主要从发达国家和发展中国家的不同视角进行了验证。对于发达国家的研究较早的是伯纳德和延森（Bernard and Jensen，1997），其探究了美国制造业 20 世纪 80 年代对于非生产劳动工人需求增加现象的成因。研究发现，企业出口会增加其对熟练劳动力的相对需求，实证检验表明，从出口角度可以在很大程度上解释熟练劳动力与非熟练劳动力之间工资差距扩大的现象。

其他研究主要集中于揭示发展中国家在贸易开放情形下与 H - O 模型结论不一致的矛盾。麦彻和威沃利（Meschi and Vivarelli，2009）利用 1980 ~ 1999 年期间 65 个发展中国家系统考察了贸易对收入不平等性的影响，结果表明，贸易会恶化发展中国家的收入分配，特别对于收入水平较高的发展中国家尤为显著。此外，部分文献以个别发展中国家为样本，进一步研究了 H - O 理论的适用性。拜尔等（Beyer et al，1999）考察了贸易对于收入分配的影响，梅塔和哈桑（Mehta and Hasan，2012）运用 1993 ~ 2004 年数据研究印度贸易与服务自由化对于工资溢价的影响。研究表明，印度工资不平等性的增加幅度近 1/3 是可以由贸易进行解释的。桑德曼（Sadhukhan，2012）同样利用印度数据，构造多种不同的工资差距指标，研究贸易对于工资不平等性的影响。刘斌和李磊（2012）则利用 2002 年中国家庭住户收入项目调查数据库实证分析了贸易对于工资差距的影响，结果表明，对于高技能劳动者而言，贸易开放对于其内部的工资差距影响不大，而对于低技能劳动者而言，贸易开放会在很大程度上影响其内部的工资差距。杨春艳（2012）从生产率提高、技术进步等角度探讨中国制造业行业工资差距的传导机制，并区分劳动密集型与资本密集型行业分别进行了研究，结果表明贸易会通过技术进步等机制造成行业间工资差距的扩大。汤二子和孙振（2012）基于 SS 定理，研究我国出口对于工资水平的影响。结果表明，出口可能通过拉动生产率，提高企业对员工的工资支付，

使得出口企业的平均工资明显高于非出口企业。

（二）引入分阶段生产的经验分析

随着全球一体化进程的加深，国际分工程序呈现出复杂化和精细化的特征，参与贸易的企业生产过程中间品贸易与外包的模式不断得到发展，对于企业工人工资的影响如何，逐渐成为学术界研究的热点问题。制造业企业参与外包对于工资差距的影响具有大量的经验证据，然而，与理论不同，无论对于作为发包方的发达国家，还是对于受包方的发展中国家对于外包对工资差距影响的实证研究，均不存在统一的结论。

经验研究中关于企业参与外包会扩大工资差距的文献，存在一定差异。少数文献认为外包会同时提高熟练劳动力与非熟练劳动力的工资，只是对于不同类型劳动力工资增加的幅度不同。盛斌和牛蕊（2009）利用中国31个工业部门的面板数据检验了外包对于平均工资的影响，结果表明外包会显著促进中国工业部门的平均工资，同时会导致中国国内熟练与非熟练劳动力工资收入差距的扩大。Chongvilaivan和Thangavelum（2012）研究外包对于泰国工资不平等性的影响，结论认为外包会同时增加熟练劳动力与非熟练劳动力之间的工资差距，但对熟练劳动力工资增加的幅度更大，从而外包会加大熟练与非熟练劳动力之间的工资差距，估计结果表明外包程度每提高1%，会使得工资差距拉大2.5%。

大量文献的研究结果表明，企业参与外包对于熟练劳动力与非熟练劳动力工资的影响是相反的，在增加熟练劳动力工资的同时，会降低非熟练劳动力工资。芬斯特拉和汉森（Feenstra and Hanson，2001）认为中间品交易可以解释美国等地区熟练与非熟练劳动力之间工资差距问题。与技能偏向型技术类似，会导致对低技能劳动者需求的减少，并增加对高技能劳动者的需求。Ho等（2005）考察了向内地提供外包服务对于香港地区熟练劳动力与非熟练劳动力工资差距的影响，得到最终会扩大香港地区工资差距的结论。赫兹（Hijzen，2007）采用英国1993~1997年制造业企业数据，检验外包与工资差距之间的关系，在发展中国家廉价劳动力更多参与外包假设的基础上，结论认为外包会扩大熟练与非熟练劳动力之间的工资差距。滕瑜和朱晶（2011）从中间品贸易角度分析了其对于熟练劳动力与非熟练劳动力之间工资差距的影响，结论认为中间品贸易最终会加剧中国熟练劳动与非熟练劳动之间相对收入差距的扩大。徐毅（2011）研究认为外包会降低我国丰裕的非熟练劳动力的相对工资，且一般贸易与外包均会在一定程度上扩大熟练劳动力与非熟练劳动力之间的工资差距。

而与上述研究不同的是，一些国内外文献的研究认为，企业参与外包会降低国内不同类型劳动力之间的工资差距或存在不确定性的影响。陈仲常和马红旗（2010）首先测算了我国制造业产业的总外包水平、低端技术外包水平与高技术外包水平，然后构建动态劳动力的需求模型，分析不同外包形式的就业效应，研究认为，总体外包、高技术外包以及低技术外包对于制造业就业与工资差距均存在显著的负向影响。唐东波（2011）利用中国经济普查数据研究贸易对于工资的影响，研究结果表明，参与外包企业的进口贸易对于国内就业结构的负向作用主要体现在对高技能工人的替代效应，并会在一定程度上缩小工资差距。胡梅尔斯等（Hummels et al，2011）运用丹麦数据研究外包的工资效应，结论认为，外包会增加所有类型劳动者的工资，即认为会增加出口企业与非出口企业劳动者之间的工资差距，而对于不同类型劳动力之间的影响具有不确定性。刘瑶和孙浦阳（2012）研究了外包行业的技术特定性对于中国制造业熟练劳动力与非熟练劳动相对工资的影响，结论认为，我国承接的非熟练劳动外包会缩小我国的工资差距。莫纳克等（Monarch et al，2013）利用美国的微观数据，研究外包对于工资的影响，得出并没有明显证据表明外包会增加或减少外包企业的工资。

二、异质性企业与讨价还价理论的检验

关于企业异质性的相关文献较新，对于相关理论的检验对数据存在较高的要求，需要样本中包含企业层面的数据，甚至需要将企业层面数据与工人雇主层面数据进行匹配。接下来，将分别讨论近年来的发达国家和发展中国家关于企业异质性理论模型进行检验的相关文献。

对于讨论发达国家企业参与贸易对于工资差距的影响，主要集中考察贸易企业高生产率与高利润对企业增加熟练劳动力需求的影响。克莱因等（Klein et al，2010）利用德国雇员与雇主的匹配数据，发现对于高技能工人

而言，会存在一个显著的工资溢价，估计结果表明，出口工资溢价占高技能工人技能溢价的三分之一，不仅如此，出口还会降低低技术工人工资，因此，出口通过对于熟练劳动力与非熟练劳动力的双向影响，增加了不同技能劳动工人的工资差距。同样采用德国数据，鲍姆加滕（Baumgarten，2013）基于异质性企业理论，试图从出口角度解释工人工资差距的扩大现象，在控制地区与行业差异之后，对于出口企业的研究结果表明，出口会使得企业工人工资增加8%左右，而出口企业工资的快速增长，主要体现在熟练劳动力方面。为了在一定程度上克服微观数据研究中所存在的内生性问题，马希斯和西瓦尔帝（Macis and Schivardi，2012）采用意大利微观数据研究出口与工资的关系时，结合1992年意大利里拉贬值构建工具变量，研究表明，出口企业的工资溢价主要来自于"租金分享"效应。

与对发达国家的研究略有不同，现有文献对于发展中国家参与贸易影响工资差距的实证检验，不仅考虑出口企业高生产率的影响，部分文献同时考察参与贸易企业"学习效应"所带来的偏向性技术进步，是否会带来工资差距的进一步扩大。赫尔普曼等（Helpman et al，2012）利用巴西雇员与雇主匹配数据，研究认为导致工资不平等性是由于企业差异所决定的，具有不同规模与是否参与贸易是导致这些工资不平等性的重要方面。卡塞利（Caselli，2014）分析与测算了贸易自由化与技能偏向性技术对于技术溢价与不同类型劳动力之间工资的影响。分析中采用1984～1990年墨西哥企业数据，并采用美国机器价格作为工具变量，分析技能偏向型技术改变的影响。结果表明，贸易确实增加了工资的不平等性，技能溢价的增加主要体现在熟练劳动者工资的增加，在特定情形下会降低非熟练劳动者的实际工资。

近年来，随着中国统计数据的进一步完善，利用微观数据研究企业参与贸易对于工资差距影响的文献也大量出现。一支文献仅考虑出口对于企业员工的工资溢价问题，分析中并不涉及对于熟练劳动力与非熟练劳动力的区分，即仅考虑了出口对于企业间工资差距的影响。包群和邵敏（2010）采用中国企业2000～2007年微观企业的分析数据，考察出口对于工资增长的影响。研究表明，出口贸易对于工资增长率的提高具有显著的抑制作用。李静和彭飞（2012）采用中国1998～2007年中国工业企业微观数据，运用倾向匹配得分的方法，研究出口贸易是否会促进出口企业员工的工资。结果表明，出口企业会至少存在约 4% 的红利效应。项松林（2013）以世界银行调查的中国企业微观数据为基础，在控制企业生产率、资本密集度等因素后，研究企业参与贸易对于其工资的影响，结论表明企业参与贸易会促进职工实际工资的增长，与新新贸易理论的预期一致。赵春燕和黄汉民（2013）基于异质性企业理论，采用中国工业企业的微观数据，分析企业出口行为是否存工资溢价及其内在的作用机制。结果认为，与非出口企业相比，出口企业会存在显著的出口溢价，且出口溢价是企业出口学习效应与自我选择效应共同作用的结果。在上述文献研究的基础上，少数文献试图进一步研究参与贸易对于企业内不同类型劳动力之间工资差距的影响。陈波和贺超群（2013）利用 2000～2007 年中国工业企业数据库，研究企业出口对于工资差距的影响，结果表明企业出口密集度每提升 1%，会相应使得熟练劳动力与非熟练劳动力工资差距拉大 0.3%，类似研究还有毛其淋和许家云（2014）的相关分析。

三、消费层面的检验

从消费层面考察贸易对工资差距影响的经验研究，主要集中于讨论出口目的国不同消费者特征如何通过影响企业层面的特征变量进而影响出口企业的工资。米尔纳和坦叶（Milner and Tandrayen, 2007）采用非洲数据，研究出口市场与工资溢价的关系，认为出口市场的类型与企业工资溢价之间密切相关，当出口市场竞争程度过高会对工资溢价具有负向影响，而出口到市场竞争较低国家则会增加出口企业的工资溢价。皮苏（Pisu, 2008）采用比利时 1998～2005 年企业数据，估计了出口不同目的国家的出口效果，结果表明随着企业出口高收入国家，企业的生产率会提高，而出口低收入国家与不出口的企业生产率偏低，且进入出口市场会经历生产率快速增长的阶段，通过生产率的影响，企业可能倾向于雇佣更多熟练劳动工人，增加企业间的工资差距。瓦西克（Vacek, 2010）利用捷克企业数据，研究出口企业从出口量中能否获得更多的收益。结果表明，需要考虑出口市场的异质性，只有向发达国家出口时，才会有利于提高企业生产率和出口企业的工资溢价。舍夫佐娃（Shevtsova, 2012）利用乌克兰制造企业和服务部门企业 2000～2005 年数据，研究不同企业和出口目的国之间的关系，结论认为高生产率的企业更倾向于进入出口市场，出口学习效应也会随企业所在行业与目的国的不同而不同。兰金和克勒（Rankin and Schöer，2013）利用南非企业数据，研究出口目的国对于工资的影响，分别考察向收入水平高于本国的美国市场出口与向收入水平低于本国的南部非洲发展共同体国家出口的影响。结果表明，出口目的国关系到企业工人质量，最终会提高出口企业的工资。杰贝吉（Cebeci，2014）利用土耳其的企业数据，估计出口目的国对于企业劳动生产率、就业与工资的影响，比较出口高收入国家、出口低收入国家以及不出口三种类型企业之间的工资。分析中还采用了倾向得分匹配和 DID 的方法，研究认为，进入出口市场会提高企业工资，而向低收入国家出口并不会显著提高企业工资。国内相关研究还较少，目前对出口目的国对企业行为研究比较有代表性的是杨汝岱和李艳（2013），文献结合企业出口自选择效应，构建区域地理偏远度指标，研究了区位因素对于企业综合效益与出口行为的影响。

第三节　本章小结

关于贸易与工资差距的传统理论研究提供了两个脉络：贸易会通过影响技能溢价或影响行业溢价而造成工资不平等性。但是，却难以解释贸易是如何造成各国不平等性同时加剧的。此外，也难以解释发达国家之间的贸易是如何影响收入不平等性的。随着贸易理论的进一步发展，任务贸易、搜寻摩擦与失业和创新等因素被引入到传统理论当中，使得贸易理论能够更好地解释工资差距问题。此外，梅里兹（Melitz，2003）将异质性企业和垄断竞争引入贸易理论，推进了贸易理论的重大发展。为了进一步探究异质性企业对于贸易和工资差距问题的影响，现有文献分别以异质性企业理论为基础，引入公平性工资、效率工资、搜寻摩擦以及工人与企业讨价还价等因素，细致地讨论了贸易对工人工资差距的影响，扩展了异质性企业理论关于贸易与工资差距问题的研究。此外，部分文献在传统理论研究基础上，进一步结合异质性企业理论、任务贸易、消费者异质性等因素对贸易与收入不平等相关理论模型进行了扩展。

从理论分析来看，异质性企业国际贸易理论激发更多研究者从微观层面研究企业出口贸易对于相对工资差距的影响，从而提供了一个新的理论框架用于解释当今各国普遍存在的工资差距现象，并在该理论框架下通过一定数量的文献尝试从企业角度考察国际贸易带来的工资效应。然而，异质性国家贸易理论主要从总体上探讨了企业参与贸易所带来的工资效应，只能给出企业参与贸易对于工资差距的总体影响，鲜有文献将企业出口行为进行拆分，综合考虑企业出口的各个阶段所带来的收入分配效应。从研究方法来看，尽管部分理论同时涉及企业异质性、劳动者异质性等微观因素研究国家贸易对相对工资差距的影响，但主要停留在理论层面，受到微观数据的限制，在实证中同时考虑企业异质性与劳动者异质性等问题分析企业参与贸易对于劳动者工资差距影响的研究尚不多见。从研究对象看，对于企业参与贸易对工资差距的影响，关于发达国家的研究成果丰富，然而对于正处于转型期的发展中国家的研究却相对不足。20 世纪 80 年代以来，发达国家的收入分配效应一直受到学术界的高度关注，形成了比较成熟的研究框架。对于发展中国家而言，由于其开放时间较短程度较低，学术界对于发展中国家贸易的收入分配效应研究相对较少。随着发展中国家在国际贸易中的比重逐步增加，国际分工中的地位逐步提高，考察像中国这样的发展中国家贸易开放的收入分配效应具有重要的研究价值。因此，以企业层面微观数据为基础，系统考察企业出口行为对工资差距的影响，可以在一定程度上推进现有研究，具有理论与现实意义。

第三章　企业出口影响工资差距的理论分析

本章以异质性企业理论（Melitz，2003）和劳动市场不完全性特征理论（Egger and Kreickemeier，2009；Helpman et al，2010；Davis and Harrigan，2011）为基础，从理论上分析企业出口行为中的相关因素对于企业内熟练劳动工人与非熟练劳动工人之间工资差距的影响。第一节分别通过需求层面和生产层面的最优化分析，得到企业内工资差距的函数关系式，在此基础上，通过均衡求解的方式得到企业新进入出口市场（扩展边际）与企业出口占比变化（集约边际）如何影响企业内不同类型劳动力的工资差距，考察企业出口决定中"是否出口"以及"出口多少"两个问题对于企业内工资差距的影响。

考虑到我国的现实情况，出口企业中大量以承接外包或参与加工贸易形式存在，这些企业的特定出口形式对于企业内熟练劳动工人与非熟练劳动工人之间工资差距的影响又如何呢？为了进一步考察出口企业特定贸易形式的影响，第二节进一步扩展了第一节生产函数的形式，分析企业出口决定中"如何出口"问题对于企业内工资差距的影响。

我国出口目的国涉及 200 多个国家（或地区），且不同目的国之间的经济发展水平与需求偏好也存在很大的差异性，而目的国市场这种差异性对出口企业又会存在怎样的影响呢？为了进一步分析不同目的国市场消费者收入水平对企业内熟练劳动工人与非熟练劳动工人工资差距的影响，第三节放松目的国市场结构与需求一致性假设，将目的国市场的异质性引入到第一节的理论分析中，考察企业出口决定中"出口向何处"问题对于企业内工资差距的影响。

第一节　贸易的基本模型

理论模型的构建在于分析企业出口行为与企业内工资差距问题，因此理论框架的构建是基于梅利兹（Melitz，2003）异质性企业理论与赫尔普曼等（Helpman et al，2010）的劳动市场不完全理论，借鉴艾美特和戴维斯（Amiti and Davis，2011）、波等（Bo et al，2013）关于企业内工资差距研究思路，建立简化模型，分别从需求、生产两个层面求解均衡方程，讨论企业出口行为对于工资差距的影响。

一、需求层面

参照梅利兹（Melitz，2003）的假设，假设市场中存在大量消费者个体，将市场中代表性消费者的效用函数表示成 CES 的形式，如（3.1）式所示：

$$U = \left[\int_{v \in \Omega} q\left(v\right)^{\frac{\sigma-1}{\sigma}} \mathrm{d}v \right]^{\frac{\sigma}{\sigma-1}} \tag{3.1}$$

其中，v 表示消费者所购买产品的种类，Ω 为市场中所有产品的集合，并且假设消费市场上存在大量的消费者，在市场上的每个消费者只能作为价格的接受者。$q(v)$ 表示消费者对于产品 v 的购买数量。产品之间是具有可替代性的，并采用 σ 表示任意两种产品之间的替代弹性，根据消费者对于其消费产品多样性偏好的假设，可以得到产品间替代弹性 $\sigma > 1$。此外，根据迪克西特和斯蒂格利茨（Dixit and Stiglitz，1977）的结论，可以通过将消费者购买产品集合作为一种加总产品来研究消费者行为，即得到

$$Q \equiv U \tag{3.2}$$

同时得到加总产品的价格，即市场上消费者所面临的产品价格指数为

$$P = \left[\int p\left(v\right)^{1-\sigma} \mathrm{d}v \right]^{\frac{1}{1-\sigma}} \tag{3.3}$$

其中，$p(v)$ 为产品 v 的价格。代表性消费者将其收入 E 在可获得的连续最终产品之间进行分配，并实现效用最大化，如下式所示：

$$\begin{aligned} &\max U \\ &\text{s. t. } E = \int p(v) q(v) \mathrm{d}v \end{aligned} \tag{3.4}$$

其中，$p(v)$ 代表产品 v 的价格，其余变量与之前假设一致。将（3.1）式中的效用函数代入求解最优化问题，同时结合（3.2）式得到产品 v 的需求量，即需求曲线为

$$q(v) = Q\left[p(v)/P\right]^{-\sigma} \tag{3.5}$$

根据需求量（3.5）式得到消费支出函数 $e(v)$ 如下：

$$e(v) = E\left[p(v)/P\right]^{1-\sigma} \tag{3.6}$$

其中，E 代表总支出且存在如下关系式：

$$E = PQ = \int_{v \in \Omega} e(v) \, \mathrm{d}v \tag{3.7}$$

二、生产层面

考虑市场中存在大量潜在的企业，在决定进入市场之前，企业首先需要支付固定的成本，然后随机获得一个相应的生产率水平 φ，并且假设生产率 φ 服从一定的分布 $G(\varphi)$。此外，市场中现存的企业为了满足设备的更新与营销网络的维系，每期均需要支付一定的固定成本 f_m。

将两阶段生产的假说引入代表性企业理论，假设企业生产产品的过程分为两个阶段：核心中间品生产环节与组装加工最终产品环节，并且将生产要素仅限定为劳动力投入。同时，假设核心中间品生产环节只需要熟练劳动工人（Skilled workers），记为 S，而最终产品的组装与加工环节则只需要非熟练劳动工人（Unskilled workers），记为 U。此外，假设企业投入产出遵循柯布－道格拉斯（Cobb-Douglas）函数形式，因此得到企业产品 v 的生产函数如下所示：

$$y_v = \varphi_v U_v^{\alpha} S_v^{1-\alpha} \tag{3.8}$$

其中，φ_v 为企业生产率，α 为生产中非熟练劳动力投入比例。参照公平工资模型，假设企业内熟练劳动工人与非熟练劳动工人的工资均由基本工资（Base Pay，w^b）与绩效工资（Merit Pay，w^m）两部分构成。其中，基本工资是工人在进行生产前，与企业协商所制定的工资部分，为了简化分析，参照赫尔普曼等（Helpman et al，2010）的假设，认为熟练劳动力与非熟练劳动力之间的基本工资是相等的[1]，并将熟练劳动力与非熟练劳动力的基本工资进行标准化，可以得到

$$w_u^b = w_s^b = 1 \tag{3.9}$$

通过上述简化，熟练劳动工人与非熟练劳动工人的工资差距主要来自于

---

[1] 若放弃该假设，并不会影响模型的最终结论。

企业内不同类型劳动力之间的绩效工资差异。假设认为熟练劳动工人与非熟练劳动工人的绩效工资将与企业的利润高度相关，两者对于企业利润（部分利润）的分配方式主要取决于熟练劳动力与非熟练劳动力与企业讨价还价的能力。考虑到中国的现实：熟练劳动力一般具有较高的学历或较深的资历，在理想薪资与企业无法达成一致的情形下，在其他企业获得类似岗位的可能性较大，而企业重新雇佣能够较好匹配相应岗位工人会有一定的难度，并且会存在一定的搜寻成本和培训成本，因此熟练劳动工人与企业雇佣者之间具有较强的讨价还价能力。而对于非熟练劳动工人而言则不存在类似的问题，因此，一般认为非熟练劳动工人不具有或具有较低的讨价还价能力。

分析中采用纳什均衡博弈结果的线性形式，假设在企业 v 中熟练劳动力与非熟练劳动力的绩效工资如下：

$$w_u^m = \gamma_u \pi_v$$
$$w_s^m = \gamma_s \pi_v \qquad (3.10)$$

（3.10）式中 π_v 表示企业 v 的利润，γ_u 代表企业中非熟练劳动工人讨价还价的能力，γ_s 代表企业熟练劳动工人讨价还价的能力。结合（3.10）式，可以得到企业 v 内熟练劳动力与非熟练劳动力之间的相对工资差距：

$$s_v = w_s^m - w_u^m = (\gamma_s - \gamma_u)\pi_v = \Delta\gamma\pi_v \qquad (3.11)$$

在理论分析中，一般认为熟练劳动力特别对于像中国这样的发展中国家而言，熟练劳动力往往比非熟练劳动力具有更大的需求市场，并且在经验分析中也得到广泛支持（Velenchik，1997；Menezes-Filho，2008）。

由上述分析可知，企业的成本函数为

$$C = w_s S + w_u U \qquad (3.12)$$

根据柯布－道格拉斯生产函数的性质，可以得到

$$\frac{S}{U} = \frac{1-\alpha}{\alpha} \qquad (3.13)$$

将（3.8）式、（3.13）式代入成本函数（3.12）式，并求解得到边际成本函数：

$$MC_v = \frac{\alpha^{-\alpha}(1-\alpha)^{\alpha-1}}{\varphi_v} \qquad (3.14)$$

对于出口企业而言，考虑到存在额外的冰山成本 τ_x，因此，此时的边际成本为

$$MC_{vx} = \frac{\alpha^{-\alpha}(1-\alpha)^{\alpha-1}}{\varphi_v}\tau_x \qquad (3.15)$$

根据垄断竞争型企业的特征，考虑一般情形下企业的反需求函数为 $p(q)$，固定成本为 f，考虑到模型中工人工资与企业利润的关系，假设边际成本为 $c(\pi)$，并且边际成本会随着企业利润的增加而增大。企业将选择提高产量以使得利润最大化，并且考虑到企业的利润会影响企业的边际成本，得到如下关系式：

$$\max \pi = p(q)q - cq - f \qquad (3.16)$$
$$\text{s. t. } c = c(\pi) \text{ 且 } c'(\pi) > 0$$

对（3.16）式进行全微分可得

$$\mathrm{d}\pi = p(q)\mathrm{d}q + q\frac{\mathrm{d}p}{\mathrm{d}q}\mathrm{d}q - c\mathrm{d}q - q\frac{\mathrm{d}c}{\mathrm{d}\pi}\mathrm{d}\pi \qquad (3.17)$$

通过（3.17）式得到利润最大化的一阶条件如下：

$$\frac{\mathrm{d}\pi}{\mathrm{d}q} = \left(\frac{1}{1 + q\mathrm{d}c/\mathrm{d}\pi}\right)\left[p(q) + q\frac{\mathrm{d}p}{\mathrm{d}q} - c\right] = 0 \qquad (3.18)$$

注意到（3.18）式中的第一项恒为正，因此并不会影响企业的最优选择，对第二项进行化简，可得

$$p = \left(1 - \frac{1}{\sigma}\right)c = \frac{c}{\eta} \qquad (3.19)$$

其中，$\eta = \frac{\sigma-1}{\sigma}$，即在上述情形下，企业将在边际成本的基础上，采取成本加成定价法确定产品的售价，将模型中计算得到的边际成本（（3.15）式）代入到（3.19）式中，得到企业 v 产品的价格：

$$p_{vd} = \frac{\alpha^{-\alpha}(1-\alpha)^{\alpha-1}}{\eta\varphi_v}，国内价格 \qquad (3.20)$$
$$p_{vx} = \frac{\alpha^{-\alpha}(1-\alpha)^{\alpha-1}}{\eta\varphi_v}\tau_x，出口价格$$

将（3.20）式代入（3.6）式，并且由于对称性可知企业销售收入等于消费者支出函数，因此得到企业 v 在国内与国外的销售收入如下：

$$r_{vd} = R\left[\frac{\alpha^{-\alpha}(1-\alpha)^{\alpha-1}}{\eta\varphi_v P}\right]^{1-\sigma}，企业 v 国内销售收入$$

$$r_{vx} = R^w\left[\frac{\alpha^{-\alpha}(1-\alpha)^{\alpha-1}}{\eta\varphi_v P^w}\tau_x\right]^{1-\sigma}，企业 v 出口销售收入$$

(3.21)

根据假设，若企业只内销，则需要支付固定成本 f_m，因此，得到只在国内市场销售企业的利润为

$$\pi_{vd} = R\left[\frac{\alpha^{-\alpha}(1-\alpha)^{\alpha-1}}{\eta\varphi_v P}\right]^{1-\sigma} - f_m$$

(3.22)

对于在国内销售并且同时出口的企业，除了需要支付固定成本外，还需要额外支付固定成本 f_x，同时假设国外具有相同的市场规模和市场结构：

$$\pi_{vx} = R\left[\frac{\alpha^{-\alpha}(1-\alpha)^{\alpha-1}}{\eta\varphi_v P}\right]^{1-\sigma} + R^w\left[\frac{\alpha^{-\alpha}(1-\alpha)^{\alpha-1}}{\eta\varphi_v P^w}\tau_x\right]^{1-\sigma} - f_m - f_x$$

(3.23)

结合（3.11）式、（3.22）式和（3.23）式，分别得到国内销售企业与出口企业内不同类型劳动力之间的工资差距：

$$S_v = \begin{cases} \Delta\gamma\left\{R\left[\frac{\alpha^{-\alpha}(1-\alpha)^{\alpha-1}}{\eta\varphi_v P}\right]^{1-\sigma} - f_m\right\}, & 内销企业 \\ \Delta\gamma\left\{R\left[\frac{\alpha^{-\alpha}(1-\alpha)^{\alpha-1}}{\eta\varphi_v P}\right]^{1-\sigma} + R^w\left[\frac{\alpha^{-\alpha}(1-\alpha)^{\alpha-1}}{\eta\varphi_v P^w}\tau_x\right]^{1-\sigma} - f_m - f_x\right\}, & 出口企业 \end{cases}$$

(3.24)

三、均衡状态

为了分析市场的均衡状态，将企业的利润函数（3.22）式关于生产率求导数：

$$\frac{\partial\pi_{vd}}{\partial\varphi_v} = (\sigma - 1)R\left[\frac{\alpha^{-\alpha}(1-\alpha)^{\alpha-1}}{\eta P}\right]^{1-\sigma}\varphi_v^{\sigma-2} > 0$$

(3.25)

通过（3.25）式可知，企业的利润函数会随着企业生产率的提高而增加，即利润函数为企业生产率的单调增函数，表明高生产率的企业会获得更高的利润，与预期一致。假设参与出口企业投入的固定成本会高于内销企业的固定成本即 $f_x \geq f_m$，以使得国内销售利润为零的企业不会进入出口市场，因为贸易成本 $\tau_x > 1$，从国外市场获得的可变利润是低于国内市场的，因此无法抵销出口的固定成本投入。此外，求解得到在国内进行生产与进入出口市场企业的门槛值，并且在企业利润为 0 的情形下企业的生产率的解是唯一的，分别如下所示：

$$R\left[\frac{\alpha^{-\alpha}(1-\alpha)^{\alpha-1}}{\eta\varphi_d^* P}\right]^{1-\sigma} = f_m \qquad (3.26)$$

$$R^w\left[\frac{\alpha^{-\alpha}(1-\alpha)^{\alpha-1}}{\eta\varphi_x^* P^w}\tau_x\right]^{1-\sigma} = f_x \qquad (3.27)$$

结合（3.26）式、（3.27）式以及企业利润与企业生产率之间的关系可知 $\varphi_x^* > \varphi_d^*$，并且生产率低于 φ_d^* 的企业会停止经营，退出市场；生产率处于 $(\varphi_d^*, \varphi_x^*)$ 区间的企业其产品仅在国内销售；生产率高于 φ_x^* 的企业会进入出口市场。综合上述分析，在其他条件不变的情形下，随着贸易自由化程度的提高（τ_x 的下降），通过（3.27）式可知，企业出口生产率的临界值（φ_x^*）会降低，使得部分纯内销企业可以进入出口市场，根据（3.23）式可知，新进入出口市场的企业会额外获得来自国外市场的部分利润，因此企业的利润水平会提高，结合（3.24）式推知企业内不同类型劳动力之间的工资差距会扩大。因此得到命题 1 如下：

命题 1：随着贸易自由化程度的提高，新进入出口市场的企业会拉大企业内不同类型劳动力之间的工资差距。

此外，在存在固定成本的情形下，根据迪克西特－斯蒂格利茨需求函数固定替代弹性的特点，生产率门槛值的变化可能影响包括出口在内的总产出，在国内产品价格与国外产品价格比为 τ_x 的情形下，并不会影响企业出口占比（出口额与企业销售额之比）。企业层面出口份额的变化仅受到贸易成本的影响。由（3.21）式可知，贸易成本 τ_x 的下降，会使得企业的出口销售比例提高。在宏观变量（R、R^w、P 和 P^w）固定的情形下，结合（3.22）式和（3.23）式可以得到边际成本与企业利润之间的关系如图 3.1 所示，企业的利润会随着企业边际成本的提高而降低，即利润曲线为向右下方倾斜的曲线。

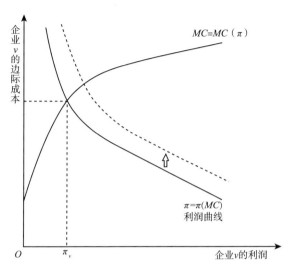

图 3.1　边际成本与利润关系

在其他条件不变的情形下，贸易成本提高企业出口占比的途径主要通过增加国外市场的需求来实现，在图 3.1 中会使得企业利润曲线 $\pi_v = \pi(MC)$ 向右上方向移动，从而提高企业的利润，结合（3.24）式可知，企业内工资差距会进一步扩大。通过上述分析，可以得到命题 2 如下：

命题 2：对出口企业而言，随着企业出口占比的提高，企业会获得更高的利润，在熟练劳动力比非熟练劳动力具有更强讨价还价能力的情形下，熟练劳动工人会获得更高的绩效工资，从而使得企业内不同类型劳动力之间的工资差距会进一步扩大。

第二节　特定出口形式对于企业内工资差距的影响

上述分析考虑了一般出口企业对于企业内不同类型劳动力之间工资差距的影响，分析中讨论的出口产品为生产环节均在我国境内完成的情况。考虑到我国的现实情况，我国在参与出口贸易的企业中，存在大量承接外包或参与加工贸易的企业，特定贸易形式的出口行为可能通过多种途径影响企业内工资差距。相比于一般出口企业，这些企业的特定出口形式对于企业内熟练劳动工人与非熟练劳动工人之间的工资差距影响会有所不同。因此，与以往理论研究有所区别，本书在上述分析的基础上，通过进一步扩展贸易企业生产函数形式，来分析加工贸易出口行为是如何影响企业内不同类型劳动力工资差距的。结合中国企业参与贸易形式的特点，在其他假设不变的情形下，在企业 v 的生产函数（3.8）式的基础上引入中间进口投入，将生产函数替换为如下所示的形式：

$$y_v = \varphi_v U^\alpha B_v^{1-\alpha}, \text{其中，} B_v = (S_v^{\frac{\sigma-1}{\sigma}} + M_v^{\frac{\sigma-1}{\sigma}})^{\frac{\sigma}{\sigma-1}} \tag{3.28}$$

式中，y_v 代表企业产出，φ_v 和 U_v 分别代表企业生产率以及非熟练劳动力数量。B_v 是采用 CES 形式表示的综合投入，由熟练劳动工人 S_v 和进口投入 M_v 两部分构成。在国际分工中，中国等发展中国家凭借低廉劳动力优势承接某些低技术含量的生产环节。参照第一节，仍然采用企业生产过程两阶段的假设——核心中间品生产环节与组装加工最终产品环节。同时结合发展中国家承接低技术含量生产环节的特点，我国参与特定贸易形式的企业，往往从国外进口技术含量较高的中间投入品，并在国内完成最后的加工装配最终实现出口，即参与加工贸易或承接外包的企业进口投入产品会在一定程度上替代企业运用熟练劳动力参与核心中间品投入的生产。结合上述的分析，模型假设采用进口投入与熟练劳动力之间存在替代关系，其中 $\sigma > 0$ 代表熟练劳动工人和进口要素投入之间的替代弹性。

为了简化分析，根据胡梅尔斯等（Hummels et al, 2011）的假设，采用 ϖ_i 简约形式表示对于企业 v 的产品需求，在第一节中市场由大量消费者构成的假设前提下，ϖ_i 表示企业 v 的产品价格。结合式（3.28）可以得到企业 v 对于熟练劳动力的需求如下：

$$\varpi_v \frac{\partial y_v}{\partial S_v} = \varpi_v (1-\alpha) \varphi_v U_v^\alpha B_v^{\frac{1}{\sigma}-\alpha} S_v^{-\frac{1}{\sigma}} \tag{3.29}$$

在企业产出和其他生产要素投入不变的情形下，结合（3.29）式分析进口投入如何影响企业对于熟练劳动工人的需求：进口投入会以速率 $\frac{1}{\sigma}$ 增加企业综合投入 B_i，同时会以 α 的速率减少综合投入。当熟练劳动工人和进口投入之间具有很高替代性时，即 $\frac{1}{\sigma} \to 0$，此时降低效应占主导，从而熟练劳动力的需求会减少；当熟练劳动力与进口投入替代性不高时，对于熟练劳动力的需求会增加。因此，在 $\frac{1}{\sigma} - \alpha < 0$ 的情形下，增加进口投入会减少企业对于熟练劳动力的需求，反之则增加熟练劳动力的需求。

结合（3.28）式的生产函数分析可知，随着企业进口投入的增加，会提高企业最终产量并增加对非熟练劳动工人的需求。在熟练劳动力与进口投入替代弹性较高的情形下，即 $\frac{1}{\sigma} < \alpha$，企业参与特定贸易形式，在企业核心中间品生产环节，进口品投入会部分甚至全部替代熟练劳动工人的投入，即存在对熟练劳动力的"替代效应"，从而在很大程度上减少企业对于熟练劳动力的需求。放弃第一节企业生产率 φ_v 外生的假设，将企业生产率内生化，并结合主流贸易文献的研究，认为企业中熟练劳动力的需求量会直接影响到企业的生产率，并且随着企业对于熟练劳动力需求的降低会降低企业的生产率。结合第一节中的（3.25）式可知，随着企业生产率的下降，会降低企业的利润，同时结合（3.24）式可知，会使得企业内熟练劳动工人与非熟练劳动工人的绩效工资均有所下降，根据企业熟练劳动工人由于较高讨价还价能力可以获得更高的利润分成假设前提下，最终会降低企业内不同类型劳动力之间的工资差距。

此外，结合（3.28）式可知，特定贸易形式可能存在第二种效应会影响劳动力需求。假设企业通过参与特定贸易形式，从通过进口国外先进的中间投入品存在"模仿学习效应"或是通过参与国际分工中存在"技术外溢"等原因在一定程度上可以提高企业生产率进而增加企业总产出，此处统称为企业参与特定贸易形式的"产出效应"。企业可能通过参与特定贸易形式增加产出从而增加企业对于熟练劳动力的需求以及进口投入的需求。因此，"产出效应"可能会部分补偿或是逆转特定贸易形式对于熟练劳动力需求的负向影响，企业通过承接外包或参与加工贸易可能会带来企业生产率的提高。与企业参与特定贸易形式的"替代效应"类似，在该类情形下，企业通过承接外包或参与加工贸易等特定贸易形式最终会增加企业内熟练劳动工人与非熟练劳动工人之间的工资差距。

综合上述分析，可以得到以下命题：

命题 3：企业在承接外包或参与加工贸易等存在核心中间品进口生产环节特定贸易形式的情形下，存在中间投入品对企业熟练劳动力投入需求的"替代效应"和"产出效应"，会通过影响企业生产率进而影响企业利润，最终会使得企业内熟练劳动工人与非熟练劳动工人之间的工资差距扩大或缩小：当"替代效应"占主导的情形下，最终表现为企业内不同类型劳动力之间工资差距的缩小；在"产出效应"占主导的情形下，则最终表现为企业内不同类型劳动力之间工资差距的扩大。

第三节　出口市场对于企业内工资差距的影响

在第一节的分析中，假设企业出口市场的结构与需求具有同质性，即 R^w 和 P^w 一致，然而考虑到我国出口目的国涉及 200 多个国家（或地区），且不同目的国（或地区）之间的经济发展水平与需求偏好也存在很大的差异性，因此向不同收入水平国家出口的企业在生产技术与要素投入方面会存在显著的差异，若不区分目的国市场对于出口产品需求的不同，难以细致深入地研究企业出口对于企业内不同劳动力之间工资差距的影响。因此，本节将放松目的国市场结构与需求一致性假设，将目的国市场的异质性引入到第一节的理论分析中，分析对于出口企业而言出口不同目的国市场对于企业内不同类型劳动力之间工资差距的影响。

首先对目的国市场需求与结构进行局部均衡分析。在出口目的国市场 c 的消费者 i 购买产品 v 的效用函数如下：

$$U_{iv}^c = \theta_v^c - \alpha^c p_v^c + \varepsilon_{iv}^c \tag{3.30}$$

其中，θ 代表产品差异化参数，p 表示价格，ε 为满足独立同分布的随机偏差。在上述假设的基础上，根据离散选择理论（Anderson et al, 1992）可以得到多元 Logit 总需求函数如下：

$$x_v^c(p_v^c, \theta_v^c) = \frac{M^c}{W^c}\exp(\theta_v^c - \alpha^c p_v^c) \tag{3.31}$$

其中，M^c 为出口目的国 c 的市场规模，W^c 衡量了 c 国市场中所有消费产品特征的指数，参数 α^c 为收入的边际效用，在效用函数中衡量了产品差异化与价格之间对于消费者的相对重要性，因此，$\frac{1}{\alpha^c}$ 包含了消费者对于产品质量的估价信息。

接下来考虑我国出口产品的国内生产市场。沿用第一节关于垄断竞争市场的假设，且生产市场中存在 V 个垄断竞争企业，即企业 $v \in V$。不同企业生产差异化产品，并且可以将产品运往多个不同的目的国市场，每个目的国市场均存在相应的固定成本 F^c。企业可以选择其出口产品的差异化程度，其中差异化程度包括产品质量、包装以及服务等。企业可以通过选择差异化程度以改变产品的剩余需求，而产品质量等因素均会影响剩余需求，最终会使得企业将差异化程度更高的专业化产品提供给对其估价更高的出口目的国市场的消费者。

企业 v 出口产品到 c 国的相关服务成本主要包括市场调研、广告宣传、送达的及时性等，这些服务成本会与出口企业的技术水平相关，但却不会影响到企业产品的质量。假设出口目的国市场 c 的服务成本为 κ^c，且服务成本可能由于出口目的国市场的地理位置、与产品生产国之间的文化和语言差异等的不同而不同。

为了简化分析，仍然沿用第一节关于熟练劳动力与非熟练劳动力作为唯一要素投入的假设，并且认为熟练劳动力与非熟练劳动力之间不存在直接的替代效应。

假设质量为 θ_v^c 的最终产品销售到目的国市场 c 需要 a_v 单位非熟练劳动力与 $b_v((\theta_v^c)^\beta + \kappa^c)$ 单位熟练劳动力，考虑到随着企业产品差异化程度的逐渐提高，提供相应产品与服务的难度会逐渐加大，因此需要更多的熟练劳动力投入，即 $\beta > 1$。对于特定目的国市场而言，企业利润函数如下所示：

$$\pi_v^c = \left[p_v^c - a_v - b_v((\theta_v^c)^\beta + \kappa^c)w \right] x^c(p_v^c, \theta_v^c) - F^c \qquad (3.32)$$

此时，在第一节企业选择价格或产量实现利润最大化的基础上，同时将企业产品的差异化水平 θ_v^c 内生化，即企业通过选择出口到目的国市场 c 的产品价格 p_v^c 以及差异化水平 θ_v^c 来最大化企业利润，分别对上式求导，得到

$$\frac{\partial \pi_v^c}{\partial p_v^c} = x^c(p_v^c, \theta_v^c) + [p_v^c - a_v - b_v((\theta_v^c)^\beta + \kappa^c)w] \frac{\partial x^c(p_v^c, \theta_v^c)}{\partial p_v^c} = 0$$

(3.33)

$$\frac{\partial \pi_v^c}{\partial \theta_v^c} = -\beta bw\theta^{\beta-1} x^c(p_v^c, \theta_v^c) + [p_v^c - a_v - b_v((\theta_v^c)^\beta + \kappa^c)w] \frac{\partial x^c(p_v^c, \theta_v^c)}{\partial \theta_v^c} = 0$$

(3.34)

根据上述两式，并结合多元 Logit 总需求函数（3.31）式分别求得企业利润最大化时所选择的产品价格与企业产品的差异化分工程度：

$$\theta_v^{c*} = \left(\frac{1}{\alpha^c b_v \beta w}\right)^{\frac{1}{\beta-1}}$$

(3.35)

$$p_v^{c*} = a_v + b_v w \kappa^c + b_v w \left(\frac{1}{\alpha^c b_v \beta w}\right)^{\frac{\beta}{\beta-1}} + \frac{1}{\alpha^c}$$

(3.36)

结合（3.35）式，由于 $\beta > 1$，因此差异化参数 θ_v^c 会随着一国消费者收入边际效用 α^c 的降低而增加，即当产品估价更高时企业会提供更高质量的产品，并且产品差异化参数 θ_v^c 与服务成本 κ^c 无关。结合（3.36）式可知，产品价格 p_v^c 会随着服务成本的提高而增加：销售到 c 国的服务成本增加会提高产品的单位成本；此外，产品价额 p_v^c 与一国消费者收入边际效用 α^c 成反比，表明价格既反映了由较高服务成本所引致的高单位成本，又受到消费者愿意为高质量产品支付更高价格程度的影响，即消费者对于产品质量的估价情况 $\frac{1}{\alpha^c}$。

通过上述分析得到出口 c 国的企业最优产品的差异化程度 θ_v^{c*} 和最优产品价格 p_v^{c*}。在出口企业确定最优产品价格与产品差异化程度后，进一步计算得到出口到 c 国市场企业 v 对于熟练劳动工人与非熟练劳动力之间的相对需求：

$$S_v^c = \frac{b_v}{a_v}\left[\left(\frac{1}{\alpha^c b_v \beta w}\right)^{\frac{1}{\beta-1}} + \kappa^c\right]$$

(3.37)

（3.37）式表明了出口目的国市场特征与企业对于熟练劳动力与非熟练劳动力之间的相对需求。可以看出，对于服务要求较高的目的国市场而言，即随着出口企业服务成本 κ^c 的提高，会使得企业需要提供更高质量的服务，且服务的提供为技术密集型，因此企业对于熟练劳动力的需求会随着出口目的国市场所需服务成本的提高而增加，即 S_v^c 会随着 κ^c 的提高而增加。此外，企业对于熟练劳动力相对需求 S_v^c 会随着 c 国消费者收入的边际效用 α^c 的降低而增加，产品质量的提高对于其具有更高的效用，而企业提供高质量的产品同样会增加企业对于熟练劳动力的需求。企业出口目的国收入水平的不同会导致 κ^c 和 α^c 的差异，最终使得出口不同目的国企业对熟练劳动工人的相对需求不同。

因此，需要研究出口不同目的国市场对于服务成本 τ^c 和消费者收入的边际效用 α^c 的影响。企业 v 对于熟练劳动工人的相对需求设为 S_v。根据各国偏好具有差异性，分别假设高收入国家消费者收入的边际效用 α_H，中低收入国家消费者收入的边际效用为 α_L，并且边际效用会随着收入的增加而降低，因此高收入国家消费者的收入边际效用低于低收入国家的边际收入效用，即 $\alpha^H < \alpha^L$。根据（3.37）式结论可知，向高收入国家出口的企业，将会更多雇佣熟练劳动工人，即 $S_v^H > S_v^L$，即相比于向中低收入国家，出口高收入国家目的国市场的企业会增加熟练劳动工人的雇佣。利用 κ 表示出口服务成本，对于内销企业而言，$\kappa^D = 0$，对于出口市场可知 $\kappa^H > 0$ 和 $\kappa^L > 0$。此外，进入其国内程序更加繁杂以及其他因素可能会导致向高收入国家出口的企业具有更高的服务成本，即 $\kappa_v^H > \kappa_v^L > \kappa_v^D$。因此，向高收入国家出口的企业，在相同产品质量生产下，为了提高服务成本以满足高收入国家对于服务质量的需求，会雇佣更多的熟练劳动工人，即熟练劳动工人的需求关系为：$S_v^H > S_v^L$，即出口目的国可能通过服务成本的途径来影响企业对于熟练劳动工人的需求。

结合主流贸易文献和第二节的结论可知，随着出口企业对于熟练劳动工人相对需求的增加，会在一定程度上提高企业的生产率，根据（3.25）式可知，企业生产率的提高会导致企业利润的增加，同时结合（3.24）式可知，熟练劳动工人由于具有更高的讨价还价能力，因此绩效工资增加的幅度会更大，进而会拉大企业内不同类型劳动力之间的工资差距；反之，则会缩小企业内熟练劳动力与非熟练劳动力之间的工资差距。因此，可以得到以下命题：

命题 4：随着企业出口目的国市场消费者收入水平的提高，可能会通过带来企业产品质量升级和提高企业销售产品服务成本两条途径来增加企业对熟练劳动力的相对需求，进而通过提高企业生产率来增加企业利润，最终扩大企业内不同类型劳动工人之间的工资差距。

第四章　出口、扩展边际与企业内工资差距

出口会扩大企业产品的消费市场，使得企业具有更大的获利空间并且可以分散企业仅在本国市场销售的风险。然而，进入出口市场却需要高额的固定成本投入。鲍德温（Baldwin，1986）最早研究出口固定要素投入的成本对出口企业影响的问题，结论认为企业为了进入出口市场，存在要素投入的固定成本，并且企业进行出口的固定投入成本是沉没成本的一种。在现有研究中，大量理论模型中并未涉及关于出口沉没成本、出口市场进入成本和出口固定成本细致的界定。曼迪（Medin，2003）的研究中认为出口固定成本是与出口市场调查、构建外国配送网络体系、企业面对出口市场可能遭遇的非关税贸易壁垒、贸易过程中的商务谈判及人员往来、调整产品以适应外国标准等方面有关的投入。此外，出口前持续且有意识的研发活动可以增加企业吸收和利用外包知识的能力（戴觅、余淼杰，2011），因此企业在进入出口市场前，可能为了更好地适应出口市场进行相应的研发投入。基于上述分析，新出口企业由于出口固定成本和研发成本两方面的投入，会影响企业对于熟练劳动力的相对需求，从而引起不同类型劳动力之间工资差距的变化。

在我国每年存在大量新进入出口市场的企业，采用中国海关数据库，对2001～2007年样本内企业新出口的统计如图4.1所示。可以看出，在样本区间内，新出口企业基本维持在80000家左右，2005年和2006年新进入出口市场企业存在严重下滑趋势，但在2007年有所回升，总体而言，出口市场中每年存在大量的新出口企业。

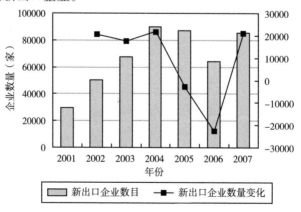

图 4.1　新出口企业统计

资料来源：根据海关数据库整理得到。

根据之前的分析，企业的扩展边际即新出口企业由于固定成本投入与研发投入的存在，会对企业内工资差距的影响表现出一定的差异性；同时，新出口企业在我国出口市场中又广泛存在且趋势稳定，已成为出口市场中一种普遍的现象。基于此，本书将结合中国企业层面的微观数据系统考察企业扩展边际对不同劳动力工资差距的影响，并对命题1进行实证检验。

第一节　计量模型的建立及数据说明

一、模型的构建

本章要研究的是，企业新进入出口市场对企业内不同类型劳动力之间工资差距的影响。然而，可能由于某些原因，一些新出口的企业在进入出口市场之前，企业内工资差距就与其他企业存在显著差异，这些差异因素同样也会影响企业是否进入出口市场，从而使得进入出口市场对于企业内工资差距的影响难以被有效解释。为了排除这些特定差异的干扰，引入匹配模型：按企业是否为新进入出口市场，将样本国家划分为处理组和对照组，其中新进入出口市场的企业为处理组，其余企业为对照组。估计处理组企业样本中的平均效应（average treatment effect on treated，ATTE），即采取匹配模型分析新进入出口市场对企业内不同类型劳动力之间的工资差距。倾向得分匹配是一种非精确的匹配模型，优点在于，无须预先设定待估方程的形式，可以避免研究者预先无法判断应该采用何种形式方程的难题；此外，还可以通过匹配变量的选取而较好地控制自选择效应。在给定共同影响因素的情形下，实验条件概率的匹配模型通常是通过 porbit 或 Logit 参数模型进行估计。卡梅伦和特里维迪（Cameron and Trivedi，2005）阐述的倾向得分匹配模型，要求满足两个要求：一个要求为"条件独立性条件"，即在控制共同影响因素的条件下，结果变量独立于具体的实验；另一要求为"共同支持条件"，即保证每个处理组个体经过倾向得分匹配（propensity score match，PSM），都能够找到与其配对的对照组个体。

研究中假设 D 为虚拟变量，代表新进入出口市场的企业，D 记为 1，反之 D 记为 0。假设 d 表示企业内熟练劳动力与非熟练劳动力之间的工资差距，新进入出口市场的企业的结果变量记为 $d_i(1)$，其他企业记为 $d_i(0)$，新进入出口市场对于企业内工资差距影响记为 $\Delta = d_i(1) - d_i(0)$。企业新进入出口市场对企业内不同类型劳动力之间工资差距的影响，即研究同一时期企业在进入出口市场与未进入出口市场两种情形下对企业内工资差距变化的平均影响：

$$ATET = E\big[\Delta \,|\, x, D = 1\big]$$
$$= E\big[d_i(1)\,|\,x, D = 1\big] - E\big[d_i(0)\,|\,x, D = 1\big] \tag{4.1}$$

由于倾向得分匹配要求满足"条件独立性"，可以进行第二步的拆分。第二步中前后两式分别表示新进入出口市场的企业 i 以及在同一时期进入出口市场和不进入出口市场企业内不同类型劳动力之间工资差距的变化。注意到 Δ 是无法直接获得的，对于 ATET 的识别关键在于对（4.1）式中后一项的估计，对于上述问题，本书构造反事实（counterfactual）情形进行推断，通过共同影响因素，选取相近企业，来代替实际新进入出口市场的企业，并假设将其替代为当年未进入出口市场的反事实状态。反事实构建的可靠性关键在于共同影响因素的选取，根据已有条件独立性要求，共同影响因素需要同时影响企业出口行为决定与企业内工资差距的变量，共同支持条件需要使得每个新出口企业都能够通过倾向得分匹配的方法获得相应的未进入出口市场的企业与其能够进行配对。参照相关经验分析的文献以及现有理论，将共同影响因素的设置如表4.1所示。

表 4.1　　　　　　　　　　　共同影响因素及其度量方式

变量	度量方式
企业劳动生产率（lp）	企业总产值/就业人数
企业规模（emp）	企业年平均总就业人数
资本密集度（cap）	固定资产净值平均余额/从业人数
平均工资（awage）	企业工资总支出/年平均总就业人数
企业创新能力（inno）	新产品产值/企业总产值
外资参与度（fsh）	外资资本/总资产
企业利润（prof）	是否盈利，采用虚拟变量的形式
财务状况（fina）	企业总负债/企业总产值

本书运用 Logit 模型估计式：

$$p(ex = 1) = \mu(X) \tag{4.2}$$

可以得到处理组企业 i 进入出口市场概率的预测值为 p_i，对照组企业 j 进入出口市场概率的预测值为 p_j，进入出口市场对于企业内不同类型劳动工人工资差距的影响为

$$\gamma = \frac{1}{n} \sum_{i \in (T=1)} \left(Y_i - \sum_{j \in (T=0)} g(p_i, p_j) Y_j \right) \tag{4.3}$$

式中，n 为新进入出口市场企业的数量。函数 $g(p_i, p_j)$ 为非出口企业作为进入出口市场企业的对照组时所施加的权重。本书采用 Kernel 配对因果效应对（4.3）式进行估计，并通过自举法获得标准差。阿巴迪和爱慕本（Abadie and Imbens，2008）认为通过自举法获得的标准差，最近邻近匹配（Nearest neighbors matching）并不是有效估计，但是 Kernel 匹配的方法可以避免这一问题，因此本文采用 Kernel 匹配的方法。运用 Kernel 配对因果效应估计函数 $g(p_i, p_j)$ 表达式为

$$g(p_i, p_j) = \frac{K\left(\dfrac{p_i - p_j}{h}\right)}{\sum\limits_{j \in (T=0)} K\left(\dfrac{p_i - p_j}{h}\right)} \tag{4.4}$$

其中，K 为 Kernel 的分布函数，h 代表带宽参数，Stata 中分别提供了高斯函数、双权函数、抛物线函数、均匀分布和三重函数，迪纳尔多和托拜厄斯（DiNardo and Tobias，2001）分析认为各种函数分布对于估计结果的差异不大，因此本研究采用默认的抛物线函数分布。由于分析中采取的是倾向得分匹配，结合倍差法（difference in difference，DID），则可以进一步排除不可观测且不随时间变化因素的影响。

本书实证分析的研究思路为：首先，将样本内企业按照当年是否为新进入出口市场分为处理组企业和对照组企业，并结合之前分析的 Logit 模型估计每个企业进入出口市场的倾向分值（进入出口市场的概率值）；其次，为所选取的处理组企业（即新进入出口市场的企业）寻找与之前采用二元选择模型所得到的倾向得分最为相近的对照组企业（即未出口的企业），并给予每个匹配对照组企业一个相应的权重；最后，计算对照组内每个企业与其相应的处理组企业之间企业内工资差距的不同，通过采用加权平均的方式计算得

到处理组企业与对照组企业之间企业内工资差距的总体差异，即为企业进入出口市场对企业内不同类型劳动力之间工资差距的因果效应。

二、数据说明

本书分析中主要的两个数据来源为中国海关数据库与工业企业数据库。中国海关数据库包括每月出入关境的所有交易，统计项目具体包括企业的基本信息（名称、所有权和地址等）、商品信息（品种、价格和数量等）、来源或目的国别（地区）、关别、运输方式和贸易方式等。中国工业企业数据库是由国家统计局建立的年度数据，主要由样本企业提交给当地统计局的季报和年报汇总，样本企业包括全部国有工业企业以及规模以上[①]非国有工业企业，企业信息包括企业的基本情况和财务数据，其统计单位为企业法人。

结合本书分析的需要，合并中国海关数据库与工业企业数据库。由于海关数据库提供的是进出口交易记录的月度数据，根据企业进出口产品的目的国、产品 HS8 分位编码将企业出口和进口相关数据汇总为年度数据。在合并之前，依据基本会计准则对数据库存在统计问题的样本进行剔除整理：首先，剔除关键指标有缺失的观测值，关键指标主要包括职工人数、工业总产值、总资产、销售额和固定资产净值；其次，固定资产净值低于 1000 万元、销售额低于 1000 万元以及职工人数少于 30 人，这些观测值都不满足"规模以上"标准，将其剔除；最后，一些观测值存在累计折旧小于当期折旧或者总资产小于固定资产净值、小于流动资产的情况，这些明显不符合会计原则，可能存在统计误差，将这类观测值予以剔除。经过上述处理之后，按照海关数据库与工业企业数据库的公共字段（企业名称）将两个数据库进行合并，作为本书分析的样本数据库，其中样本涵盖的数据年份为 2000～2007 年。

考虑到分析中采用倾向得分匹配与倍差法（DID）的需要，本文具体分析中进一步选取样本区间内持续经营的企业。考虑到中国工业企业数据库关于企业出口层面的统计存在相关年份的缺失[②]，为了准确界定新出口企业，

---

① 这里的"规模以上"要求企业每年的主营业务收入（即销售额）在 500 万元及以上。
② 由于 2004 年为中国普查年份，对企业的统计口径有所不同，中国工业企业数据库中 2004 年企业层面的出口指标数据是缺失的。

在研究界定企业是否为新出口企业过程中，将中国工业企业缺失年份的数据与中国海关数据进行匹配，并根据阿尔博诺兹等（Albornoz et al, 2012）关于新进入出口市场企业的定义，将当年在中国工业企业数据中存在出口规模交易记录但在前一年内不存在出口交易记录的企业界定为新出口企业，以2001年为例，2001年新出口企业为2001年存在出口交易记录但在2000年不存在的企业，其他年份类似处理。

三、统计分析

对2000～2007年企业样本进行进一步筛选，分别得到样本区间内连续经营各类型企业数目，如表4.2所示得到平衡面板样本数据。其中样本内总共包括16235家持续经营的企业，样本内新进入出口市场的企业总共为4854家。

表4.2　　　　　　　　　　　样本内各类型企业数目

年份	新进入出口市场企业数目	未出口企业数目	持续存在企业数目
2000	—	7372	16235
2001	851	7204	16235
2002	797	6967	16235
2003	616	6926	16235
2004	229	10874	16235
2005	673	5973	16235
2006	688	6179	16235
2007	431	5923	16235

通过比较发现，在2001～2007年各年新出口企业占样本内企业总数分别为5.76%、5.40%、4.17%、1.55%、4.56%、4.66%和2.92%，占样本内比例较小。为了进一步考察新出口企业与未出口企业之间的差异，分别从企业特征角度考察两类企业之间的差异，如表4.3所示。

表 4.3　　　　　　　　新出口企业与非出口企业之间的企业特征比较

出口前一年	2001 年		2002 年	
	非出口	新出口	非出口	新出口
企业劳动生产率	4.93	5.06	4.95	5.11
企业规模	10.06	10.24	10.16	10.40
资本密集度	3.96	3.79	3.96	3.76
平均工资	2.18	2.29	2.21	2.34
企业创新能力	0.03	0.05	0.04	0.06
外资参与度	4.25e－06	15.7e－06	3.80e－06	10.7e－06
企业利润	0.81	0.79	0.79	0.79
财务状况	1.27	1.61	1.41	1.03

出口前一年	2003 年		2004 年	
	非出口	非出口	非出口	新出口
企业劳动生产率	5.02	5.26	5.12	5.89
企业规模	10.24	10.61	10.37	11.17
资本密集度	3.98	4.03	4.01	4.56
平均工资	2.28	2.47	2.34	3.01
企业创新能力	0.03	0.06	0.03	0.06
外资参与度	3.89e－06	8.47e－06	3.62e－06	13.9e－06
企业利润	0.80	0.81	0.80	0.83
财务状况	6.19	0.86	1.35	0.74

出口前一年	2005 年		2006 年		2007 年	
	非出口	非出口	非出口	新出口	非出口	新出口
企业劳动生产率	5.20	5.23	5.38	5.54	5.47	5.56
企业规模	10.63	10.48	10.58	11.01	10.63	10.97
资本密集度	3.87	3.86	4.18	4.07	4.21	4.05
平均工资	2.55	2.33	2.63	2.75	2.73	2.90
企业创新能力	0.03	0.08	0.03	0.07	0.03	0.08
外资参与度	4.56e－06	11.9e－06	3.77e－06	6.02e－06	1.16e－06	3.34e－06
企业利润	0.79	0.82	0.77	0.80	0.76	0.84
财务状况	1.41	1.03	1.65	0.99	2.49	1.12

通过表4.3可以发现,对于新出口企业,平均而言,在出口前一年企业的劳动生产率、企业规模、企业内劳动工人质量、企业的创新能力、企业外资占比、企业盈利情况的统计特征均值均高于非出口企业,表明进入出口市场的企业,在之前的年份具有更高的劳动生产率、更大的企业规模、更好的劳动工人质量、更强的创新能力、更高的外资占比、更强的盈利能力;此外,财务状况表明,出口企业在出口之前的年份负债与销售收入的占比更低,因此具有更好的财务状况。由此可知,非出口企业与新出口企业在出口之前的年份就存在显著性差异,因此采用传统的计量方式可能因难以排除企业进入出口市场的自选择行为而造成估计偏差。

第二节　计量模型与实证检验

一、计量模型

根据卡梅伦和特里维迪(Cameron and Trivedi,2005)阐述的倾向得分匹配模型,要求满足两个要求:一是"条件独立性",即当控制了共同影响因素后,结果变量与是否进行实验是相互独立的,此处要求新出口企业样本与非出口企业样本经过匹配之后,在其出口年份前一年不再存在显著差异;另一要求为"共同支持条件",即保证每个处理组个体经过倾向得分匹配(propensity score match,PSM),都能够找到与其配对的对照组个体。

首先,为了检验"条件独立性"是否满足,依据爱慕本和伍德里奇(Imbens and Wooldridge,2008)的研究,通过计算匹配之后新进入出口市场的企业与非出口企业基于匹配变量的标准偏差进行平衡性检验。爱慕本和伍德里奇(Imbens and Wooldridge,2008)认为,标准偏差可以很好地反映变量的分布差异,其中标准偏差越小说明两组数据差异越小,表明经过匹配之后的样本质量越高,一般采用罗森鲍姆和鲁宾(Rosenbaum and Rubin,1985)的标准,在标准偏差超过20的情形下,认为匹配之后的样本效果不好,会影响倾向得分匹配估计结果的可信性。

为了直观分析新进入出口市场企业与非出口企业两组数据之间分布的差

异，对上述企业特征变量进行核密度分析，如图4.2～图4.9所示。

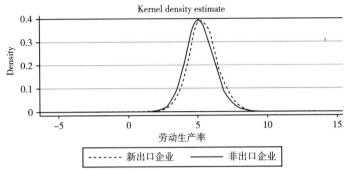

kernel=epanechnikov，bandwidth=0.1635

图4.2　企业劳动生产率核密度分布

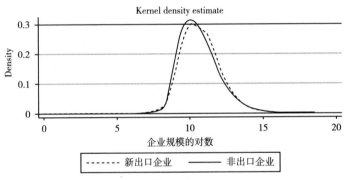

kernel=epanechnikov，bandwidth=0.2154

图4.3　企业规模核密度分布

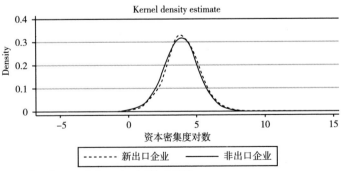

kernel=epanechnikov，bandwidth=0.1982

图4.4　企业资本密集度核密度分布

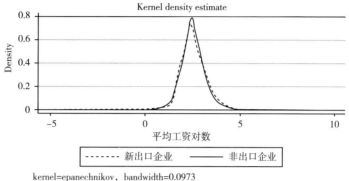

kernel=epanechnikov，bandwidth=0.0973

图 4.5 企业劳动质量核密度分布

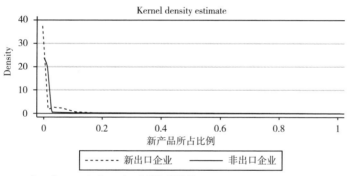

kernel=epanechnikov，bandwidth=0.0049

图 4.6 企业创新能力核密度分布

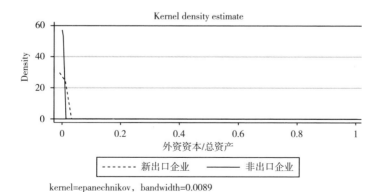

kernel=epanechnikov，bandwidth=0.0089

图 4.7 企业外资占比核密度分布

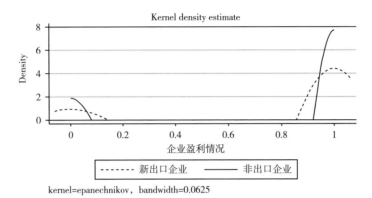

图 4.8 企业盈利情况核密度分布

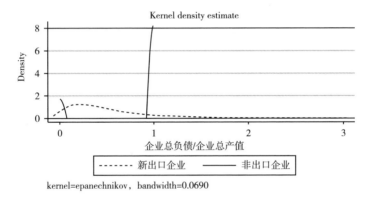

图 4.9 企业财务状况核密度分布

图 4.2 ~ 图 4.9 分别对处理组和对照组共同影响因素的八个变量进行核密度分解，虚线代表处理组（新进入出口市场的企业），实线代表对照组（非出口企业）。以图 4.2 企业劳动生产率的核密度估计为例，可以看出，新进入出口市场企业样本的劳动生产率分布更为右偏，两组数据分布存在显著差异，其他核密度分布图处理组和对照组均存在较大差异，再次验证了之前对样本进行统计分析的结论——若直接采用总体样本观测值进行回归会在很大程度上造成估计偏差，而匹配模型则可以避免这一问题。

二、实证检验

本书所选取的作为共同影响因素的八个变量，其对于企业是否进入出口市场影响的效果如何？在进行匹配分析之前，首先通过 Logit 回归进行分析，结果如表 4.4 所示。

表 4.4 共同影响因素的 Logit 回归分析

	（1）Logit 回归 企业是否出口	（2）边际效应 企业是否出口
企业劳动生产率	0.2666 ***	0.0106 ***
	（0.0217）	（0.0009）
企业规模	0.0432 **	0.0017 **
	（0.0136）	（0.0005）
资本密集度	−0.0155	−0.0006
	（0.0157）	（0.0006）
平均工资	0.0989 ***	0.0039 ***
	（0.0247）	（0.0010）
企业创新能力	0.4699 ***	0.0186 ***
	（0.0673）	（0.0027）
外资参与度	0.5953 *	0.0236 *
	（0.2450）	（0.0097）
企业利润	0.0325	0.0013
	（0.0435）	（0.0017）
财务状况	0.0243	0.0010
	（0.0343）	（0.0014）
_cons	−3.8328 ***	
	（0.1302）	
N	110101	110101
Pseudo R^2	0.074	0.074

说明：*、**、*** 分别表示在 10%、5%、1% 的水平上显著，圆括号内为标准误。

表 4.4 为由出口行为决定的 Logit 模型的回归结果，可以看出，企业劳动生产率为正，表明随着企业劳动生产率的提高，企业的出口倾向会提高；随着企业生产规模的增加，企业的出口倾向也会相应地提高；企业更高的平均工资意味着企业劳动工人质量的提高，同时会提高企业的出口倾向；此外，企业的创新能力与外资占比对于企业出口倾向的提高同样存在显著的正向影

响，其他变量影响方向与之前分析一致，但对总体样本而言，显著性较低。因此，下文具体分析中，主要选取企业劳动生产率、企业规模、平均工资、企业创新能力以及外资占比等变量作为共同影响因素，进行倾向得分匹配。

在进行匹配前，要求满足"条件独立性"和"共同支持条件"。其中，"共同支持条件"要求满足每个处理组个体，经过倾向得分匹配后，都能够在对照组中找到与其配对的个体，分析中采用相应的命令加以控制①，使得模型满足"共同支持条件"；而对于"条件独立性"，即检测数据平衡性，并针对上述共同影响因素分年份检验，考察不同年份使用的共同影响因素经过匹配后在处理组观测值和对照组观测值之间差异的显著性，结果如表4.5所示。

表 4.5 数据平衡性检验

年份	变 量	处理组	对照组	标准偏差	P 值
2001	企业劳动生产率	5.7024	5.5234	16.5	0.264
	企业规模	11.031	11.042	-0.8	0.956
	资本密集度	4.4017	4.2639	10.5	0.497
	平均工资	2.7007	2.6867	2.1	0.900
	企业创新能力	0.06342	0.06234	0.0	0.974
	外资参与度	2.3e-05	2.2e-05	0.0	0.939
	企业利润	0.77895	0.77337	1.4	0.927
	财务状况	0.74953	0.73065	0.0	0.968
2002	企业劳动生产率	5.5086	5.3989	10.1	0.479
	企业规模	10.899	11.097	-14.4	0.319
	资本密集度	4.3602	4.1393	16.9	0.267
	平均工资	2.7658	2.7233	6.3	0.688
	企业创新能力	0.03262	0.04049	-0.1	0.732
	外资参与度	2.1e-05	1.7e-05	0.0	0.486
	企业利润	0.8	0.81278	-3.3	0.829
	财务状况	0.69023	0.61403	0.0	0.500

---

① 在使用 Stata 软件进行实证分析中，使用 common 的选项，保证分析中满足共同支持条件。

续表

年份	变 量	处理组	对照组	标准偏差	P 值
	企业劳动生产率	6.1102	5.8141	17.3	0.495
	企业规模	11.537	11.434	7.5	0.667
	资本密集度	4.9756	4.7897	13.5	0.571
	平均工资	3.0862	2.9465	10.7	0.299
2003	企业创新能力	0.10821	0.08627	0.4	0.601
	外资参与度	1.1e−05	1.2e−05	−0.0	0.740
	企业利润	0.84286	0.83975	0.8	0.960
	财务状况	0.6556	0.63204	0.0	0.837
	企业劳动生产率	6.063	5.9832	7.4	0.485
	企业规模	11.359	11.341	1.3	0.893
	资本密集度	4.5969	4.5425	4.1	0.663
	平均工资	3.1739	3.1354	5.7	0.567
2004	企业创新能力	0.07282	0.06413	0.1	0.673
	外资参与度	0.1591	0.16073	2.3	0.951
	企业利润	0.85167	0.84764	1.0	0.908
	财务状况	0.65755	0.67528	−0.0	0.881
	企业劳动生产率	5.9991	5.7267	15.1	0.280
	企业规模	11.314	11.368	4.0	0.860
	资本密集度	4.4314	4.235	15.0	0.552
	平均工资	3.2796	3.0788	16.8	0.175
2005	企业创新能力	0.09676	0.07829	0.3	0.755
	外资参与度	1.5e−05	1.4e−05	0.0	0.938
	企业利润	0.8	0.80247	0.6	0.980
	财务状况	0.71232	0.53451	0.0	0.323

年份	变 量	处理组	对照组	标准偏差	P 值
2006	企业劳动生产率	5.9255	5.7153	19.4	0.180
	企业规模	11.724	11.627	7.1	0.662
	资本密集度	4.4182	4.1925	17.2	0.234
	平均工资	3.1912	3.119	10.7	0.435
	企业创新能力	0.1294	0.08693	0.7	0.278
	外资参与度	1.0e−05	1.1e−05	−0.0	0.758
	企业利润	0.89011	0.86223	7.2	0.571
	财务状况	0.64705	0.55684	0.0	0.398
2007	企业劳动生产率	5.6534	5.6051	0.0	0.538
	企业规模	10.9910	11.0340	−3.1	0.677
	资本密集度	4.1069	3.9845	9.3	0.201
	平均工资	3.0547	2.9596	13.9	0.270
	企业创新能力	0.1143	0.1031	0.8	0.492
	外资参与度	2.80e−06	2.90e−06	0.0	0.919
	企业利润	0.8094	0.7994	2.6	0.729
	财务状况	1.1966	1.0467	0.0	0.868

表 4.5 为分别对样本内 2001~2007 年新进入出口市场的企业进行配对并基于各匹配变量进行平衡性检验，分别列出各年新进入出口市场企业与其匹配之后的非出口企业的平衡检验结果。根据罗森鲍姆和鲁宾（Rosenbaum and Rubin，1985）的结论，当标准偏差高于 20 时，会影响最终结论的可靠性，通过上表各年相关变量的标准偏差值可知，均低于 20，在一定程度证明了匹配结果的有效性。此外，由 T 检验所得到的 P 值可知，经过配对之后，企业特征中企业劳动生产率、企业规模、资本密集度、平均工资、企业创新能力、外资参与度、企业利润、财务状况等变量的 P 值均在 10% 的水平下不显著，即不存在显著差异，再次证明了匹配过程的有效性。

考虑到不同年份各变量在处理组与对照组之间存在的差异性，因此分年份分析企业进入出口市场对企业内工资差距变化因果效应的估计结果，考虑到进入出口市场对企业内工资差距的影响作用在当期可能并未完全显现，因此选取按照企业进入出口市场的年份，分别从企业进入出口市场的当期与进入后的长期内，研究企业进入出口市场对企业内不同类型劳动力之间工资差距的影响，如表4.6所示。

表4.6　　　　分年份估计进入出口市场对企业内工资差距的影响效应

年份	倾向得分匹配模型	
	短期影响	长期影响
2001	0.0875	0.2714 **
	(0.1285)	(0.1313)
2002	0.1579	0.1445 **
	(0.1513)	(0.0717)
2003	0.0493	0.1200 **
	(0.0931)	(0.0530)
2004	0.1317 **	0.1375 *
	(0.0622)	(0.0843)
2005	0.2090 **	0.2159 ***
	(0.1030)	(0.0513)
2006	0.0981 *	0.0621 ***
	(0.0525)	(0.0194)
2007	0.0404	—
	(0.0531)	—

说明：* 、** 、*** 分别表示在10%、5%、1%的水平上显著，圆括号内为标准误。

由表4.6可知，尽管各年内企业进入出口市场对企业内工资差距的影响系数均为正，但部分年份企业在新出口的当期，进入出口市场对企业内工资差距的影响系数并不显著，表明进入出口市场的企业对企业内工资差距的影响在当期并未表现出来。而从长期来看，各期内企业新进入出口市场对于企业内工资差距的扩大影响显著，且与当期相比，系数的数值显著提高。研究表明，新进入出口市场对于企业内不同类型劳动力之间工资差距的影响在当期内可能并未完全显现，但随着时间的推移，从长期看进入出口市场会显著扩大企业内熟练劳动工人与非熟练劳动工人之间的工资差距，且存在持续性。

第三节　稳健性检验

一、企业内工资差距衡量指标的稳健性检验

上一节中关于企业内工资差距的分析，是建立在非熟练劳动工人一致性假设条件下估计得到的，为了进一步验证企业内工资差距指标的稳健性，采用在行业内工人利润分成不变的假设下估计所得到的企业内工资差距指标，并结合倾向得分匹配的方法，重新估计新进入出口市场对于企业内工资差距的短期与长期影响，结果如表4.7所示。

表4.7　　　　　行业内利润分成不变假设下工资差距指标的估计结果

年份	倾向得分匹配模型	
	短期影响	长期影响
2001	0.2115 **	0.2639 ***
	(0.1056)	(0.0930)
2002	0.1860 *	0.1960 ***
	(0.1009)	(0.0713)
2003	0.1104	0.1614 ***
	(0.0917)	(0.0534)
2004	0.1792 ***	0.1233 ***
	(0.0581)	(0.0482)
2005	0.0808	0.1207 ***
	(0.1191)	(0.0410)
2006	0.0763	0.0607 ***
	(0.0833)	(0.0179)
2007	0.0274	—
	(0.0462)	

说明：*、**、*** 分别表示在10%、5%、1%的水平上显著，圆括号内为标准误。

通过表4.7的结果可知，在采用行业内熟练劳动工人利润分成不变的假设下估计得到的企业内工资差距指标替换之前在非熟练工人同质性假设下计

算得到的企业内工资差距指标的情形下，得到的结论与第二节高度一致：短期内，企业进入出口市场对于企业内不同类型劳动力之间的工资差距存在正向影响，即进入出口市场会扩大企业内工资差距，然而显著性较低，且部分年份不显著；从长期来看，企业进入出口市场对于企业内工资差距影响系数为正，系数的绝对值高于短期，且各期均高度显著，表明出口行为对于企业内工资差距存在长期稳定的影响。

二、行业异质性条件下的稳健性检验

第二节分析了进入出口市场对于企业内不同类型劳动力之间工资差距的影响，然而，分析中并未考虑到行业间技术水平等方面的差异对估计结果所造成的影响。考虑到从国内市场进入出口市场对于高技术行业内企业与低技术行业内企业熟练劳动工人与非熟练劳动工人之间工资差距扩大程度的不同影响，接下来将样本按照企业所在行业分为高技术行业与中低技术行业。由于 2003 年中国行业分类代码发生了变更，本书将参照 Brandt 的方法将行业按照 2003 年之后的新行业代码（GB/T 4754 - 2002）进行重新调整。高技术行业与中低技术行业的具体分类标准参见中国国家统计局的《中国高技术产业统计年鉴》，其中高技术行业如表 4.8 所示。

表 4.8 高技术行业名称及代码

行业代码	行业名称	行业代码	行业名称
2530	核燃料加工	2770	卫生材料及医药用品制造
2665	信息化学品制造	368	医疗仪器设备及器械制造
27	医药制造业	3681	医疗诊断、监护及治疗设备制造
2710	化学药品原药制造	3682	口腔科用设备及器具制造
2720	化学药品制剂制造业	3683	实验室及医用消毒设备和器具制造
2730	中药饮片加工	3684	医疗、外科及兽医器械制造
2740	中成药制造	3685	机械治疗及病房护理设备制造
2750	兽用药品制造	3686	假肢、人工器官及植（介）入器械制造
2760	生物、生化制品的制造	3689	其他医疗设备及器械制造

续表

行业代码	行业名称	行业代码	行业名称
376	航空航天器制造	407	家用视听设备制造
3761	飞机制造及修理	4071	家用影视设备制造
3762	航天器制造	4072	家用音响设备制造
3769	其他飞行器制造	409	其他电子设备制造
40	通信设备、计算机及其他电子设备制造	411	通用仪器仪表制造
401	通信设备制造	4111	工业自动控制系统装置制造
4011	通信传输设备制造	4112	电工仪器仪表制造
4012	通信交换设备制造	4113	绘图、计算及测量仪器制造
4013	通信终端设备制造	4114	实验分析仪器制造
4014	移动通信及终端设备制造	4115	试验机制造
4019	其他通信设备制造	4119	应用仪表及其他通用仪器制造
402	雷达及配套设备制造	412	专用仪器仪表制造
403	广播电视设备制造	4121	环境监测专用仪器仪表制造
4031	广播电视节目制作及发射设备制造	4122	汽车及其他用计数仪表制造
4032	广播电视接收设备及器材制造	4123	导航、气象及海洋专用仪器制造
4039	应用电视设备及其他广播电视设备制造	4124	农林牧渔专用仪器仪表制造
404	电子计算机制造	4125	地质勘探和地震专用仪器制造
4041	电子计算机整机制造	4126	教学专用仪器制造
4042	计算机网络设备制造	4127	核子及核辐射测量仪器制造
4043	电子计算机外部设备制造	4128	电子测量仪器制造
405	电子器件制造	4129	其他专用仪器制造
4051	电子真空器件制造	4141	光学仪器制造
4052	半导体分立器件制造	4154	复印和胶印设备制造
4053	集成电路制造	4155	计算器及货币专用设备制造
4059	光电子器件及其他电子器件制造	4190	其他仪器仪表的制造及修理
406	电子元件制造	621	软件业
4061	电子元件及组件制造	6211	基础软件服务
4062	印制电路板制造	6212	应用软件服务

按照企业的行业代码将新进入出口市场的企业进行分类，分别考察对于高技术行业与中低技术行业而言，进入出口市场对企业内工资差距的影响，如表4.9、表4.10所示。

表4.9　　　　　　　　高技术行业新出口企业对工资差距的影响

年份	非熟练工人同质性假设下		行业内利润分成不变假设下	
	短期影响	长期影响	短期影响	长期影响
2001	0.0157	0.0587	0.01593	0.3386
	(0.0894)	(0.0838)	(0.2521)	(0.2747)
2002	0.0298	0.0442	0.0300	0.1500
	(0.1242)	(0.0492)	(0.2817)	(0.1625)
2003	0.0722**	0.0031	0.1101	0.0777
	(0.0334)	(0.0493)	(0.2205)	(0.1233)
2004	0.1431**	0.0326	0.1388	0.2151**
	(0.0674)	(0.0536)	(0.1567)	(0.1018)
2005	0.1051	0.1295***	0.2224*	0.1382
	(0.1122)	(0.0497)	(0.1312)	(0.1125)
2006	0.0855	0.0124	0.1757	0.0317
	(0.1148)	(0.0137)	(0.2096)	(0.0512)
2007	0.0186	—	0.0248	—
	(0.0244)	—	(0.1229)	—

说明：*、**、***分别表示在10%、5%、1%的水平上显著，圆括号内为标准误。

表4.10　　　　　　　中低技术行业新出口企业对工资差距的影响

年份	非熟练工人同质性假设下		行业内利润分成不变假设下	
	短期影响	长期影响	短期影响	长期影响
2001	0.2675*	0.3732***	0.2719**	0.1436
	(0.1565)	(0.1518)	(0.1179)	(0.1004)
2002	0.2895*	0.3682***	0.2035*	0.2407***
	(0.1665)	(0.0843)	(0.1083)	(0.0796)
2003	0.1965**	0.2524**	0.0983	0.1246**
	(0.1063)	(0.0989)	(0.1013)	(0.0511)

续表

年份	非熟练工人同质性假设下		行业内利润分成不变假设下	
	短期影响	长期影响	短期影响	长期影响
2004	0.1385 *	0.2590 ***	0.2007 ***	0.2944 ***
	(0.0712)	(0.0595)	(0.0630)	(0.0568)
2005	0.1911	0.2096 ***	0.2827 **	0.1428 ***
	(0.1612)	(0.0593)	(0.1431)	(0.0443)
2006	0.2047 **	0.0606 ***	0.1614 *	0.0578 ***
	(0.1039)	(0.0206)	(0.0911)	(0.0191)
2007	0.1462 ***	—	0.1224 **	—
	(0.0571)	—	(0.0495)	—

说明：*、**、*** 分别表示在10%、5%、1%的水平上显著，圆括号内为标准误。

通过表4.9和表4.10可知，从整体而言，在高技术行业企业与中低技术行业企业的样本倾向得分估计结果均表明，进入出口市场均会扩大企业内不同类型劳动工人之间的工资差距，且存在长期的影响，在此验证了之前分析结论的稳健性。然而，对于不同技术水平行业内企业而言，出口行为对于企业内工资差距的影响程度与显著性却表现出明显的差异性：对于高技术行业内企业而言，企业的出口行为对企业内熟练劳动工人与非熟练劳动工人之间工资差距的影响系数并非十分显著，特别是从长期来看，企业的出口行为并不会在很大程度上造成企业内不同类型劳动工人之间工资差距的扩大；与高技术行业内企业相比，企业进入出口市场对于中低技术行业企业内工资差距的影响系数与显著性均有所提高，且长期内系数并不存在减弱的趋势，说明对于中低技术行业企业而言更易受到出口行为的冲击，且存在一定的持续性。由此可知，出口对于企业内工资差距的影响程度与行业技术水平密切相关，且对于中低技术行业企业内工资差距的冲击更为显著且持续性更强。

第四节　本章小结

本章在出口行为与企业内工资差距理论分析的基础上，主要采用中国工业企业数据，并对缺失出口指标年份的数据采用工业企业数据库与中国海关数据的匹配数据近似计算，对出口扩展边际如何影响企业内不同类型劳动之间的工资差距进行了实证分析。第一节对计量方法与分析中所采用的数据进行了介绍，为了克服采用传统回归方法估计进入出口市场对于企业内工资差距影响所造成的偏差，本书引入匹配模型，采用倾向得分匹配的分析方法，按企业是否为新进入出口市场，将样本企业划分为处理组和对照组，并分组对样本内处理组与对照组企业进行了统计分析。初步统计结果表明，对于新进入出口市场的企业而言，在之前的年份具有更高的劳动生产率、更大的企业规模、企业内劳动工人的质量更高、企业具有更强的创新能力、企业具有更高的外资占比、具有更高的盈利可能性以及更好的财务状况，直接采用传统的计量模型可能会由于企业出口自选择的存在而造成估计偏差。

在上述分析的基础上，第二节结合倍差法与倾向得分匹配分析了进入出口市场对企业内工资差距短期与长期的影响。为了保证倾向得分匹配估计的有效性，分析前首先验证了经过匹配之后的样本是否满足"条件独立性"和"共同支持条件"。样本平衡性检验的结果表明，标准偏差均低于 20 时，在一定程度证明了匹配结果的有效性。此外，由 T 检验所得到的 P 值可知，经过配对之后，企业特征中企业劳动生产率、企业规模、资本密集度、平均工资、企业创新能力、外资参与度、企业利润、财务状况等变量的 P 值均在10% 的水平下不显著，即不存在显著差异，再次证明了匹配过程的有效性。在此基础上，通过倾向得分匹配的结果表明，新进入出口市场对于企业内不同类型劳动力之间工资差距的影响在短期内可能并未完全显现，随着时间的推移，从长期看，进入出口市场会持续扩大企业内熟练劳动工人与非熟练劳动工人之间的工资差距。

第三节进一步分析了模型的稳健性，首先考虑采用行业内工人利润分成不变的假设下估计所得到的企业内工资差距指标替代非熟练劳动工人一致性假设条件下的企业内工资差距指标，以验证企业内工资差距指标的稳健性；此外，按照技术水平将新进入出口市场的企业进行分类分别考察对于高技术行业与中低技术行业而言，进入出口市场对企业内工资差距的影响。指标替换与分样本的研究结论与之前的结论一致，验证了出口的扩展边际对于企业内工资差距影响模型的可信性。

第五章　出口、集约边际与企业内工资差距

在第四章的分析中讨论了企业出口扩展边际问题，系统考察了企业新进入出口市场行为对熟练劳动工人与非熟练劳动工人之间工资差距的影响。然而，根据现有文献（Arkolakis，2008；Besedeš and Prusa，2011）的研究，贸易的持续发展可能更多依靠在位出口企业能否维持并深化其已有的贸易合作关系，即企业出口集约边际对于一国贸易会具有更持久的影响，对于发展中国家更是如此。

为了更好地了解我国出口企业的集约边际特征，结合戴维斯和霍尔蒂万格（Davis and Haltiwanger，1992）关于企业出口增长率的定义①，以企业的出口规模为权重，采用加权平均的方法绘制样本内企业增长率的分布，如图5.1所示。

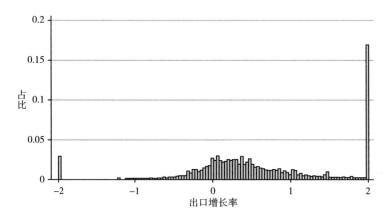

图5.1　样本企业出口增长率加权分布

资料来源：根据中国海关数据库计算得到。

可以发现，样本中持续出口企业占总体样本的80%左右，分布窄尾特征明显且呈右偏分布，表明样本中存在大量出口规模急速扩张的企业，此外，

---

① 戴维斯和霍尔蒂万格（Davis and Haltiwanger，1992）的分析方法，定义出口增长率 $growth_{it} = (export_{it} - export_{it-1})/\frac{1}{2}(export_{it} + export_{it-1})$。其中，$growth_{it}$、$export_{it}$ 和 $export_{it-1}$ 分别表示企业出口增长率、t 期企业出口量以及（$t-1$）期企业出口量。分母采用两期出口均值的形式，在前后两期中至少有一期存在出口的情形下，出口增长率便是有意义的。根据这种形式的定义，新进入出口市场企业的出口增长率为2，退出出口市场企业的出口增长率为 -2，使得样本中同时包括新出口和停止出口企业当年的出口增长率。

部分企业出口规模则呈现零增长或负增长态势，上述在位出口企业集约边际的差异性，对于企业出口问题的研究是不容忽视的。因此，从集约边际视角考察企业出口对工资差距的影响，是对微观视角研究贸易与工资差距问题的重要推进，有助于为我国采取适当措施缓解贸易自由化冲击下收入不公平性问题提供借鉴，具有理论与现实意义。综上，本章将结合中国企业层面的微观数据，通过经验分析考察出口集约边际如何影响企业内工资差距，并对命题 2 结论进行验证。

第一节　计量模型、统计描述与数据说明

一、计量模型

通过理论模型的分析可以看出，企业内熟练劳动工人与非熟练劳动工人之间的工资差距会受到企业参与全球化程度的影响。参与国际贸易的出口企业的工资差距会随着企业出口占比的提高而增加。关于溢价工资的简约回归模型如下所示：

$$d_{it} = \alpha_t + \beta exs_{it} + \gamma X_{it} + \varepsilon_{it} \tag{5.1}$$

其中，i 代表企业，t 代表相应年份，α_t 表示固定时间效应虚拟变量，d_{it} 为企业内工资差距指标，分别在非熟练劳动力同质性与同行业利润分成比例不变两种假设下估计得到，具体参见之前的分析。exs_{it} 为企业的出口密集度，X_{it} 为企业层面的其他控制变量，参照包群和邵敏（2010）、陈波和贺超群（2013）的研究，主要选取企业生产技术水平、企业规模、资本密集度、外资占比和企业年龄。企业效率的衡量指标选取劳动生产率（lp）这一单要素生产率作为分析对象，并且法格和瓦格纳（Fryges and Wagner，2008）的研究也证明了以人均销售收入度量的劳动生产率与企业全要素生产率之间是高度相关的；采用企业的总就业人数（emp）衡量企业的规模；资本密集度采用固定资产平均余额与企业就业人数的比值表示；外资占比（fsh）采用外资资本与企业实收资本的比值表示，其中外资资本为外国资本金与中国港澳台

地区资本金之和；采用统计年份与企业成立年份的差值计算得到企业的年龄（age）。选取这些指标主要基于以下考虑：

与企业经营绩效相关的变量，主要包括企业生产技术水平（lp）、企业规模（emp）和企业资本密集度（cap）。从企业内工资差距角度来看，生产技术水平较高、规模较大以及企业内资本密集度较高的企业，可能更倾向于生产技术含量更高的产品（Zhang，2014），从而增加对熟练劳动工人的需求，最终会更倾向于支付给熟练劳动工人更高的报酬。

外资占比程度（fsh）。根据企业所在行业与产品的特征，外资的流入对于企业内熟练劳动力与非熟练劳动力之间需求与工资差距会存在不同程度的影响（Hanson and Harrison，1999；Chaudhuri and Banerjee，2010）。

企业年龄（age）。企业会经历成立、成长、成熟等阶段，不同阶段所采取的研发投入策略会存在差异。企业是否进行研发的概率会随着企业年龄的增加而呈现递减（Huergo and Jaumandreu，2004），即新企业可能比成熟企业需要更多的熟练劳动力，因此会在一定程度上影响企业内熟练劳动力与非熟练劳动力之间的工资差距。

二、统计描述

首先考察样本内企业出口的分布特征及变化，基于企业出口行为集约边际的研究，将企业出口密集度定义为当年内企业出口值与企业总产值之比，并按照企业出口密集度的高低将样本内企业划分为非出口企业、低出口密集度企业、中出口密集度企业、高出口密集度企业四类，将出口密集度为 0 的企业记为非出口企业，出口密集度大于 0 且小于 0.1 的记为低出口密集度企业，出口密集度在 0.1 与 0.5 之间的记为中出口密集度企业，出口密集度高于 0.5 的记为高出口密集度企业。按照样本内年份，将各类出口密集度企业数目与占比统计如表 5.1 所示[①]。

---

① 由于 2004 年中国工业企业数据库中缺乏企业出口统计量数据，分析样本中采用与 2004 年海关数据库匹配得到，与其他年份的统计口径不同，故不再列出。

表5.1 样本内不同类型企业的数目及占比统计

年份	类 型	企业数	占比（%）
2000	非出口企业	6794	46.02
	低出口密集度企业	1773	12.01
	中出口密集度企业	1092	7.40
	高出口密集度企业	5105	34.58
2001	非出口企业	6544	44.37
	低出口密集度企业	1908	12.94
	中出口密集度企业	1163	7.88
	高出口密集度企业	5135	34.81
2002	非出口企业	6286	42.68
	低出口密集度企业	2006	13.62
	中出口密集度企业	1176	7.99
	高出口密集度企业	5259	35.71
2003	非出口企业	6259	42.39
	低出口密集度企业	2034	13.77
	中出口密集度企业	1231	8.34
	高出口密集度企业	5242	35.50
2005	非出口企业	5727	38.79
	低出口密集度企业	2481	16.80
	中出口密集度企业	1313	8.89
	高出口密集度企业	5245	35.52
2006	非出口企业	5632	38.14
	低出口密集度企业	2509	16.99
	中出口密集度企业	1429	9.68
	高出口密集度企业	5196	35.19
2007	非出口企业	5872	39.76
	低出口密集度企业	2276	15.41
	中出口密集度企业	1455	9.85
	高出口密集度企业	5166	34.98

比较发现，在样本内非出口企业占比有明显下降趋势，但所占比例仍在

40%左右；高出口密集度企业在样本内所占比例基本不变，维持在35%左右；低出口密集度企业与中出口密集度企业在样本中呈现稳定的上升趋势，所占比例逐步增加。通过上述初步统计结果表明，在样本区间内，我国不同类型出口企业的出口密集度表现出明显的差异性，并呈现出由非出口企业向中、低出口密集度企业偏移的态势。

接下来，对计量分析中所涉及的企业内工资差距、企业出口密集度以及企业层面特征变量的统计性描述，结果如表5.2所示。

表5.2   样本内主要变量的统计性描述

	2000年	2001年	2002年	2003年	2004年	2005年	2006年	2007年
工资差距1	3.41	3.48	3.52	3.59	3.69	3.78	3.90	3.81
工资差距2	2.16	2.25	1.95	2.38	2.52	2.57	2.59	2.67
出口密集度	0.34	0.35	0.35	0.36	0.22	0.36	0.36	0.37
生产技术水平	5.02	5.01	5.08	5.18	5.27	5.39	5.49	5.60
企业规模的对数	5.33	5.43	5.47	5.50	5.50	5.53	5.51	5.48
资本密集度的对数	3.83	3.80	3.83	3.86	3.91	3.93	3.98	4.03
企业年龄	12.60	12.10	12.71	14.02	14.67	15.60	16.54	17.49
外资占比程度	0.13	0.13	0.14	0.14	0.16	0.16	0.15	0.16

通过表5.2可知，样本企业内工资差距随着时间的变化呈现出明显的扩大趋势，且在两种工资差距指标的情形下这一趋势均一致；企业出口密集度①、生产技术水平、企业规模和资本密集度均呈现出一定的上升趋势。上述分析结果验证了计量模型分析中引入时间固定效应虚拟变量的必要性。此外，我们进一步考察了不同特征行业对于企业内工资差距的影响，结果如表5.3所示。

_____

① 考虑到2004年企业出口统计口径的变化，故在趋势分析中不予考虑。

表 5.3   主要行业企业数目与工资差距统计

行　　业	企业数	工资差距 1	工资差距 2
煤炭开采和洗选业	1037	4.05	3.54
农副食品加工业	4300	3.61	1.94
食品制造业	2688	3.73	2.79
饮料制造业	1279	3.46	3.11
纺织业	9324	3.86	1.34
纺织服装、鞋、帽制造业	8405	4.08	3.27
皮革、毛皮、羽毛（绒）及其制品业	3796	4.11	3.17
木材加工及木、竹、藤、棕、草制品业	1465	3.98	1.09
家具制造业	1252	3.85	0.71
造纸及纸制品业	2422	3.71	2.32
印刷业和记录媒介的复制	2113	3.66	2.54
文教体育用品制造业	2758	3.91	1.71
化学原料及化学制品制造业	7551	3.63	3.37
医药制造业	2383	3.47	3.11
橡胶制品业	1556	3.76	2.29
塑料制品业	5788	3.73	2.57
非金属矿物制品业	6985	3.72	2.08
黑色金属冶炼及压延加工业	1513	3.82	3.16
有色金属冶炼及压延加工业	1361	3.52	2.79
金属制品业	6074	3.74	2.46
通用设备制造业	8244	3.66	2.83
专用设备制造业	4104	3.57	2.93
交通运输设备制造业	5332	3.57	2.65
电气机械及器材制造业	4890	3.72	2.12
通信设备、计算机及其他电子设备制造业	6509	3.64	2.99
仪器仪表及文化、办公用机械制造业	3838	3.53	3.14
工艺品及其他制造业	2738	3.9	1.88
废弃资源和废旧材料回收加工业	1516	3.68	2.34
电力、热力的生产和供应业	2828	3.67	2.53
水的生产和供应业	1928	3.23	2.06

注：表中仅将行业内企业数目超过 1000 的行业列出。

可以发现，样本内企业数目较多的行业主要为纺织业、纺织服装鞋帽制造业、通用设备制造业等，样本内企业均超过 8000 家；纺织服装鞋帽制造业、煤炭开采和洗选业、皮革毛皮羽毛（绒）及其制品业等行业的企业内不同类型劳动力工资差距较大，且在采用两种指标测量的情形下具有一致性。通过上述结果可知，不同行业的企业内工资差距具有较大的差异性，若忽略行业异质性的影响，容易造成估计的偏差，因此计量分析中同时考虑控制行业的固定效应。

考虑到不同地区经济发展水平差异性较大的特点，进一步考察企业区位特征对企业内工资差距的影响，我们按照两种情形估计得到的企业内工资差距指标，分别绘制不同省份企业内工资差距分布图（图略）。

通过分析样本企业内工资差距在我国不同地区的均值可以发现，对于东部沿海地区的省份企业内工资差距的程度更大，而中西部地区省份则较低，鉴于样本企业所在省份的不同对于企业内工资差距存在显著影响，若不考虑企业的区位因素，容易造成计量分析的偏差，因此实证分析中同时加入企业所在省份的虚拟变量，以控制企业区位因素对于企业内工资差距的干扰。

三、数据说明

本章分析中主要采用中国工业企业数据库。中国工业企业数据库是由国家统计局建立的年度数据，主要由样本企业提交给当地统计局的季报和年报汇总，样本企业包括全部国有工业企业以及规模以上[①]非国有工业企业，企业信息包括企业的基本情况和财务数据，其统计单位为企业法人。中国工业企业数据库中的行业包括了制造业、采矿业，电力、燃气和水的生产与供应业，其中行业划分细分到 4 分位，具体参见国民经济行业分类，由于 2003 年中国行业分类代码发生了变更，我们将参照勃兰特（Brandt，2012）的方法将行业按照 2003 年之后的新行业代码（GB/T 4754 – 2002）进行重新调整；省市代码细分为 6 分位。

考虑将工业企业数据中存在统计问题的样本剔除，依据基本会计准则按

---

① 这里的"规模以上"要求企业每年的主营业务收入（即销售额）在 500 万元及以上。

照以下方式进行剔除：首先，剔除关键指标有缺失的观测值，关键指标主要包括职工人数、工业总产值、总资产、销售额和固定资产净值；其次，固定资产净值低于1000万元、销售额低于1000万元以及职工人数少于30人，这些观测值都不满足"规模以上"标准，将其剔除；最后，一些观测值存在累计折旧小于当期折旧或者总资产小于固定资产净值、小于流动资产的情况，这些明显不符合会计原则，可能存在统计误差，将这类观测值予以剔除。经过上述处理之后，作为本书分析的样本数据库，其中样本涵盖的数据年份为2000～2007年。中国工业企业数据库2004年度数据中缺少企业出口数据的统计指标，此处采用2004年海关数据与中国工业企业数据库的匹配数据替代，由于海关数据库提供的是进出口交易记录的月度数据，根据企业进出口产品的目的国、产品HS8分位编码将企业出口和进口相关数据汇总为年度数据，并按照海关数据库与工业企业数据库的公共字段（企业名称）将两个数据库进行合并。根据相关文献的研究（Bernard and Jensen，1995；Aitken et al，1997），分析中均采用年份内平衡面板数据，因此，选取在样本区间内持续经营的企业进行研究，可以同时避免出口决定方程估计产生的自选择偏差。

第二节　模型估计与实证分析

一、基础回归

在上述统计分析的基础上，以计量模型（5.1）为基础，研究企业出口密集度对企业内工资差距的影响，根据之前的分析，企业层面的控制变量主要选取企业生产技术水平（lp）、企业规模（emp）、资本密集度（cap）、企业年龄（age）和外资参与程度（fsh）。为了进一步减少估计偏差，从源头上控制异方差问题，对企业层面的非比值变量进行对数化处理，此外，为了验证企业内工资差距指标的稳健性，其中模型（1）～（3）为非熟练劳动力同质性假设下估计得到的企业内工资差距指标，模型（4）～（6）为行业内利润分成不变假设下计算得到的企业内工资差距指标，具体回归结果如表5.4所示。

表 5.4　　　　OLS 方法下出口对企业内工资差距的基础回归分析

	非熟练劳动力同质性			行业内利润分成不变		
	(1) ls	(2) ls	(3) ls	(4) ld	(5) ld	(6) ld
exs	0.1836 ***	0.2043 ***	0.1041 ***	0.6278 ***	0.4268 ***	0.0650 ***
	(0.0120)	(0.0124)	(0.0129)	(0.0162)	(0.0164)	(0.0105)
lp		0.1712 ***	0.1859 ***		0.1990 ***	0.0809 ***
		(0.0067)	(0.0068)		(0.0081)	(0.0047)
emp		0.0217 ***	0.0234 ***		0.0971 ***	0.1139 ***
		(0.0056)	(0.0056)		(0.0064)	(0.0035)
cap		0.0963 ***	0.0698 ***		0.1751 ***	0.0230 ***
		(0.0055)	(0.0057)		(0.0067)	(0.0038)
fsh		0.1001 ***	0.498 ***		0.5703 ***	0.2712 ***
		(0.0261)	(0.0257)		(0.0427)	(0.0301)
age		0.0002	0.0004 *		0.0012 ***	0.0008 ***
		(0.0002)	(0.0002)		(0.0003)	(0.0002)
_cons	3.6955 ***	3.0058 ***	3.4957 ***	2.4039 ***	0.0366	0.7722 ***
	(0.0085)	(0.0508)	(0.1222)	(0.0106)	(0.0591)	(0.0636)
年份	控制	控制	控制	控制	控制	控制
区位	未控制	未控制	控制	未控制	未控制	控制
行业	未控制	未控制	控制	未控制	未控制	控制
N	25983	25934	25934	23218	23147	23147
R^2	0.0153	0.0323	0.0968	0.0665	0.1785	0.7439

说明：＊、＊＊、＊＊＊ 分别表示在 10%、5%、1% 的水平上显著，圆括号内为标准误。

模型（1）和（4）为计量方程式中仅包含企业出口密集度的固定效应模型回归结果，出口密集度对于企业内工资差距的影响系数为正且高度显著，表明随着企业参与出口程度的增加，会扩大企业内不同类型劳动力之间的工资差距。模型（2）和（5）进一步控制了企业生产技术水平、企业规模、资本密集度、外资参与程度和企业年龄，结果仍然表明出口非常显著地引致了企业内工资差距的扩大。根据之前的统计分析，不同行业企业内熟练劳动工人与非熟练劳动力工人之间的工资差距存在显著的异质性，此外，企业内工资差距同样会受到企业区位因素的影响，因此在模型（2）和（5）回归的基础上同时控制企业的区位特征以及所属行业，结果如模型（3）和（6）所示，再次发现了出口对于企业内工资差距的扩大存在显著的正向作用。

与各国的实证结果一致，表5.4表明企业生产技术水平（lp）的估计系数为正且高度显著，表明随着企业生产技术水平的提高会拉大企业内工资差距，同样支持了技术水平提高所带来的好处会更多地偏向熟练劳动工人。企业的规模（emp）系数显著为正，表明企业规模与工资差距之间为正相关关系，即规模大的企业其工资差距的扩大较快，再次验证了熟练劳动工人能够从企业增产中获得更多的收益。资本密集度（cap）的正向系数表明，资本密集度（cap）与企业内工资差距之间存在正相关关系，与预期一致，随着企业人均资本投资的增加，会促进企业生产高技术类型的产品，从而降低企业对非熟练劳动工人的需求，从而最终扩大了企业内工资差距。普遍认为与内资企业相比，外资企业为了雇佣高质量的工人，通常会支付更高的工资，而这部分高质量工人绝大多数为熟练劳动工人，因此往往存在外资企业的溢价现象（Aitken et al，1997；包群、邵敏，2010），模型分析中企业的外资参与程度（fsh）系数为正且高度显著，支持了之前分析的结论。此外，企业年龄的系数为正，但显著性较低，考虑到中国大多数企业均处于成长期，随着企业存续时间的增加，企业会更倾向于产品的研发与创新，因此随着企业年龄的增长，企业会增加对熟练劳动工人的需求，从而在一定程度上带来了企业内不同类型劳动之间工资差距的扩大。

二、基于内生性问题的系统广义矩估计

传统计量分析中通常采用OLS方法，但上述估计方法往往会产生内生性的问题，其原因主要由三方面造成：省略变量（omitted variables）、测量误差（measurement error）和联立性（simultaneity）。具体到上述模型中，出口可能与不可观测因素之间是相关的，而该不可观测因素又可能在一定程度上影响到企业内不同类型劳动力之间的工资差距，这便是省略变量问题。在出口数据的获得过程中，可能存在着测量误差。此外，出口密集度可能与企业层面

的某些不可观测的特征有关，而这些企业特征可能又会受到企业内工资差距的影响，这便是一个联立性方面的问题。因此，所要分析的问题在一定程度上存在内生性问题。

传统解决内生性问题通常采用回归变量的滞后一期作为替代，然而，该方法会在一定程度上遗漏关键信息，因此提出了差分广义矩估计（DGMM）的方法。差分广义矩估计（DGMM）经过处理，在较长期的滞后与误差项无关的情形下可以消除固定效应，从而在很大程度上解决了内生性的问题。然而，差分 GMM 估计方法可能由于自变量滞后项和自变量差分滞后项的相关性不高而导致弱工具变量的问题。在其基础上经过改进的系统广义矩估计（SGMM）方法则可以包含不随时间而变化的变量，且不影响其他自变量的估计，因为在水平方程中，所有工具变量均假定与固定效应无关，不随时间变化的变量也是如此，而这在 DGMM 中是会被差分掉的。因此，分析中采用将差分矩阵与水平矩阵相结合的系统广义矩估计方法（Blundell and Bond, 1998）。

需要注意的是，系统广义矩估计（SGMM）应用到面板数据的分析中，具有一定的假设：过程为动态的，受到过去值的影响；具有固定的个体效应；一些自变量是内生的；要求个体相对较多，期数较少的短面板数据。结合企业出口平衡面板数据的特点可知，数据样本满足上述假设。以计量模型（5.1）为基础，采用系统广义矩估计方法，分析中同样控制年份效应、行业效应和区位效应，结果如表 5.5 所示。

表 5.5　　　　　　　　　　系统 GMM 的估计结果分析

	非熟练劳动力同质性		行业内利润分成不变	
	（1）	（2）	（3）	（4）
	ls	ls	ld	ld
ls_{t-1}/ld_{t-1}	0.3813 ***	0.2240 ***	0.5293 ***	0.3541 ***
	(0.0511)	(0.0572)	(0.0305)	(0.0308)
exs_{t-1}	0.0898 ***	0.0714 ***	0.4751 ***	0.2641 ***
	(0.0269)	(0.0269)	(0.0396)	(0.0444)
lp_{t-1}		0.0933 ***		0.1513 ***
		(0.0176)		(0.0172)

续表

	非熟练劳动力同质性		行业内利润分成不变	
	（1） ls	（2） ls	（3） ld	（4） ld
emp_{t-1}		0.0318 ***		0.0345 ***
		(0.0119)		(0.0129)
cap_{t-1}		0.0968 ***		0.1123 ***
		(0.0150)		(0.0163)
fsh_{t-1}		0.1090 ***		0.0047
		(0.0324)		(0.0399)
age_{t-1}		0.0002 **		0.0005 *
		(0.0001)		(0.0003)
_cons	2.2826 ***	2.5601 ***	1.2313 ***	− 0.0264
	(0.1870)	(0.2185)	(0.0837)	(0.1382)
年份	控制	控制	控制	控制
行业	控制	控制	控制	控制
区位	控制	控制	控制	控制
N	6926	6926	6045	6045
AR（1）	[0.764]	[0.758]	[0.530]	[0.690]
AR（2）	[0.921]	[0.725]	[0.785]	[0.988]
Hansen	[0.219]	[0.280]	[0.217]	[0.232]

说明：* 、** 、*** 分别表示在10%、5%、1%的水平上显著，圆括号内为标准误，方括号内为 p 值；AR（1）和 AR（2）分别为模型的一阶自相关与二阶自相关检验，原假设分别为模型不存在一阶自相关和模型不存在二阶自相关；Hansen 为工具变量的有效性检验，原假设为工具变量是有效的。

表 5.5 的分析采用系统 GMM 方法，其中 AR（1）和 AR（2）的 p 值均高于 0.1，即在 10%的显著性水平下接受模型不存在一阶和二阶自相关的假设，此外，Hansen 检验值同样高于 0.1，表明模型中所使用的工具变量是有效的，说明所得到的回归系数与模型的估计结果是可信的。通过表 5.5 的回归结果可知，出口密集度系数显著为正且在各个模型的估计结果均高度一致，表明随着企业出口占比的增加，会显著扩大企业内不同类型劳动力之间的工资差距，支持了采用固定效应模型的分析结论。比较企业层面的系数可知，

在系统 GMM 模型估计所得到的结论与之前分析一致，即企业内工资差距会随着企业技术水平、生产规模、资本密集度、企业年龄以及外资参与度的增加而增加。

第三节　稳健性检验

一、样本内非出口企业对估计结果的影响

由于样本内存在大量的非出口企业，而大量出口密集度为零企业的存在可能导致样本估计的偏误，基于此，为了进一考察样本内非出口企业对于估计结果的稳健性是否存在显著的影响，接下来采用出口虚拟变量的形式（exdum）作出口密集度的替代指标，当企业出口时 exdum 记为 1，否则记为 0，估计结果如表 5.6 所示。

表 5.6　　　　　　　　　　　出口虚拟变量指标的估计

	非熟练劳动力同质性		行业内利润分成不变	
	(1) FE ls	(2) SGMM ld	(3) FE ls	(4) SGMM ld
ls_{t-1}/ld_{t-1}		0.1303 **		0.3600 ***
		(0.0567)		(0.0292)
exdum	0.0547 ***	0.0930 ***	0.0586 ***	0.1123 ***
	(0.0145)	(0.0336)	(0.0104)	(0.0123)
lp	0.1810 ***	0.0964 ***	0.0845 ***	0.1264 ***
	(0.0068)	(0.0185)	(0.0046)	(0.0164)
emp	0.0199 ***	0.0328 **	0.1080 ***	0.0306 **
	(0.0058)	(0.0134)	(0.0036)	(0.0125)
cap	0.0720 ***	0.1090 ***	0.0231 ***	0.0999 ***
	(0.0057)	(0.0162)	(0.0038)	(0.0154)
age	0.0003	0.0002 **	0.0006 ***	0.0005 **
	(0.0002)	(0.0001)	(0.0002)	(0.0002)

续表

	非熟练劳动力同质性		行业内利润分成不变	
	(1) FE ls	(2) SGMM ld	(3) FE ls	(4) SGMM ld
fsh	0.0025	0.0694***	0.2804***	-0.0689*
	(0.0251)	(0.0266)	(0.0300)	(0.0403)
_cons	3.5491***	3.0567***	0.7218***	0.2097
	(0.1225)	(0.2452)	(0.0633)	(0.1492)
年份	控制	控制	控制	控制
行业	控制	控制	控制	控制
区位	控制	控制	控制	控制
N	25934	6926	23147	6045
AR (1)		[0.322]		[0.482]
AR (2)		[0.685]		[0.781]
Hansen		[0.213]		[0.186]

说明：*、**、*** 分别表示在10%、5%、1%的水平上显著，圆括号内为标准误，方括号内为 p 值；AR（1）和 AR（2）分别为模型的一阶自相关与二阶自相关检验，原假设分别为模型不存在一阶自相关和模型不存在二阶自相关；Hansen 为工具变量的有效性检验，原假设为工具变量是有效的。

表5.6 中出口虚拟变量（*exdum*）的系数为正且高度显著，并且在采用非熟练劳动力同质性与行业内利润分成不变两种假设的情形下结论一致，此外，考虑模型中的内生性问题，采用系统 GMM 重新进行估计，结论仍十分稳定。研究结果再次表明出口对于企业内工资差距的扩大具有正向拉动作用，即出口所带来的熟练劳动工人工资的上涨幅度高于非熟练劳动工人。

二、异常样本点的影响

考虑三种异常样本值的影响，其中第一种情形考虑工资差距异常样本值的影响，后两种情形则考虑行业出口比重异常值与地区出口比重异常值的影响。工资差距异常值将工资差距低于 0.1 分位和高于 0.9 分位的企业从样本内中剔除，由于涉及两种假设下所得到的工资差距指标，具体分析中将不同指标异常值从样本中分别剔除；行业出口比重异常值与地区出口比重异常值的剔除参照包群和邵敏（2010）的研究，以样本内初期年份为依据，按照2000年样本内企业出口占比的均值计算各行业和各地区的出口比重，将低于0.1分位和高于0.9分位的行业企业从回归样本中剔除，并采用与前文同样的方法对计量模型（5.1）进行估计，估计结果如表5.7所示。

表5.7 样本内异常值的影响分析

	工资差距异常值		行业出口比重异常值		地区出口比重异常值	
	ls	ld	ls	ld	ls	ld
ls_{t-1}/ld_{t-1}	0.5016 ***	0.3779 ***	0.2698 ***	0.4085 ***	0.2189 ***	0.3534 ***
	（0.0494）	（0.0443）	（0.0532）	（0.0657）	（0.0579）	（0.0308）
exs_{t-1}	0.0637 ***	0.0504 **	0.1158 ***	0.0812 **	0.0699 ***	0.2689 ***
	（0.0240）	（0.0227）	（0.0288）	（0.0406）	（0.0271）	（0.0447）
lp_{t-1}	0.0180 *	0.0694 ***	0.1050 ***	0.1324 ***	0.0923 ***	0.1535 ***
	（0.0102）	（0.0114）	（0.0182）	（0.0191）	（0.0177）	（0.0174）
emp_{t-1}	0.0214 ***	0.0206 **	0.0228 *	0.0388 ***	0.0303 **	0.0343 ***
	（0.0068）	（0.0088）	（0.0116）	（0.0104）	（0.0123）	（0.0132）
cap_{t-1}	0.0321 ***	0.0102	0.0822 ***	0.0448 ***	0.0969 ***	0.1138 ***
	（0.0079）	（0.0084）	（0.0146）	（0.0126）	（0.0152）	（0.0164）
age_{t-1}	0.0005	0.0008	0.0001	0.0003 **	0.0002 *	0.0005 *
	（0.0006）	（0.0009）	（0.0001）	（0.0001）	（0.0001）	（0.0003）
fsh_{t-1}	0.0499 *	0.0136	0.0968 ***	0.0249	0.1062 ***	0.0065
	（0.0297）	（0.0290）	（0.0327）	（0.0304）	（0.0325）	（0.0403）
_cons	1.7483 ***	1.1887 ***	2.2802 ***	0.3776 ***	2.5966 ***	− 0.0464
	（0.1849）	（0.1028）	（0.2006）	（0.1313）	（0.2228）	（0.1404）
年份	控制	控制	控制	控制	控制	控制
行业	控制	控制	控制	控制	控制	控制
区位	控制	控制	控制	控制	控制	控制
N	3851	3235	5921	5218	6817	5948
AR（1）	0.837	0.556	0.849	0.861	0.673	0.773
AR（2）	0.885	0.511	0.579	0.860	0.932	0.911
Hansen	0.245	0.112	0.178	0.213	0.215	0.212

说明：*、**、*** 分别表示在10%、5%、1%的水平上显著，圆括号内为标准误，方括号内为p值；AR（1）和AR（2）分别为模型的一阶自相关与二阶自相关检验，原假设分别为模型不存在一阶自相关和模型不存在二阶自相关；Hansen为工具变量的有效性检验，原假设为工具变量是有效的。

比较表 5.7 三种剔除样本异常值之后并采用系统 GMM 的回归结果可以发现，分析中仍然接受不存在二阶序列自相关问题，并且支持工具变量的有效性假设，此外，出口密集度的系数仍然显著为负且其他控制变量并未发生显著变化。由此可知，样本的估计结果并未受到异常值的影响，并且出口密集度与企业内工资差距之间的正相关关系也并非由异常值所致。

三、企业出口密集度的分样本分析

根据之前的统计特征分析可知，不同出口占比区间的企业数量具有显著的差异性，为了进一步研究在出口占比不同区间出口的集约边际对于企业内工资差距的影响，接下来按照之前统计特征的分析，将样本分为低出口密集度企业、中出口密集度企业和高出口密集度企业三种类型，运用系统 GMM 的估计方法对计量模型进行重新估计，估计结果如表 5.8 所示。

表 5.8　　　　　　　　　不同出口密集度区间的分样本检验

	低密集度出口		中密集度出口		高密集度出口	
	ls	ld	ls	ld	ls	ld
ls_{t-1}/ld_{t-1}	0.0153	0.2854 ***	0.0871	0.3434 ***	0.3422 ***	0.3348 ***
	(0.1138)	(0.0520)	(0.1020)	(0.0797)	(0.0950)	(0.0363)
exs_{t-1}	0.1043 ***	0.7691 ***	0.0632 **	0.3726 ***	0.0405 ***	0.2630 ***
	(0.0340)	(0.2558)	(0.0277)	(0.1001)	(0.0179)	(0.0572)
lp_{t-1}	0.1663 ***	0.3930 ***	0.1199 ***	0.1259 ***	0.0412 *	0.1129 ***
	(0.0371)	(0.0330)	(0.0456)	(0.0459)	(0.0212)	(0.0245)
emp_{t-1}	0.0291	0.0201	0.0020	0.0217	0.0417 ***	0.0691 ***
	(0.0177)	(0.0157)	(0.0262)	(0.0281)	(0.0152)	(0.0207)
cap_{t-1}	0.0958 ***	0.0108	0.1237 ***	0.0465	0.0946 ***	0.1133 ***
	(0.0238)	(0.0213)	(0.0382)	(0.0384)	(0.0201)	(0.0235)
age_{t-1}	−0.0018	−0.0002	0.0026	0.0014	−0.0001	0.0004 ***
	(0.0016)	(0.0018)	(0.0045)	(0.0038)	(0.0001)	(0.0001)
fsh_{t-1}	0.0099	0.0203	0.0511	0.0340	0.1301 ***	0.4006 ***
	(0.0425)	(0.0884)	(0.0477)	(0.0599)	(0.0376)	(0.0549)

续表

	低密集度出口		中密集度出口		高密集度出口	
	ls	ld	ls	ld	ls	ld
_cons	3.0740 ***	1.9182 ***	3.1406 ***	0.7956 *	2.3706 ***	− 0.1050
	(0.4141)	(0.3879)	(0.4939)	(0.4105)	(0.3656)	(0.1910)
年份	控制	控制	控制	控制	控制	控制
行业	控制	控制	控制	控制	控制	控制
区位	控制	控制	控制	控制	控制	控制
N	2090	1836	831	732	3666	3177
AR（1）	0.681	0.665	0.704	0.976	0.755	0.778
AR（2）	0.704	0.965	0.102	0.548	0.902	0.980
Hansen	0.172	0.103	0.149	0.244	0.147	0.174

说明：*、**、*** 分别表示在 10%、5%、1% 的水平上显著，圆括号内为标准误，方括号内为 p 值；AR（1）和 AR（2）分别为模型的一阶自相关与二阶自相关检验，原假设分别为模型不存在一阶自相关和模型不存在二阶自相关；Hansen 为工具变量的有效性检验，原假设为工具变量是有效的。

表 5.8 的分析结果支持了随着出口集约边际的增加，会在一定程度上扩大企业内不同类型劳动工人之间的工资差距，并且对位于不同出口密集度区间的企业结论一致且各样本内的工具变量均是有效的，再次证明了模型的稳健性。进一步比较不同出口密集度样本出口变量的估计结果的系数与显著性可以发现，低出口密集度企业样本出口系数明显高于中高出口密集度企业样本，表明对于出口占比较低的企业而言，随着企业出口份额的增加，对于企业内工资差距的影响程度更大。此外，企业层面的特征控制变量在不同出口密集度样本中对工资差距的影响与之前结论基本一致，但在不同样本中的系数数值与显著性表现出一定的差异。

第四节　本章小结

本章在出口行为与企业内工资差距理论分析的基础上，主要采用中国工业企业数据，并对缺失出口指标年份的数据采用工业企业数据库与中国海关数据的匹配数据进行近似计算，对出口集约边际如何影响企业内不同类型劳动之间的工资差距进行了实证分析。第一节首先对计量模型进行了介绍，在理论分析的基础上构建出口密集度对企业内工资差距的影响，并引入了企业层面的相关控制变量。接下来，从企业出口密集度角度考察了样本内企业的分布特征，并同时对分析中涉及的主要变量进行了统计性描述。在上述基础上，进一步以企业分布的不同行业、不同地区为依据，初步考察了企业内工资差距的特征。最后对所采用的数据样本进行了详细介绍。

在上述分析的基础上，第二节首先采用固定效应模型分别估计了非熟练劳动力同质性与行业内利润分成不变两种情形下出口集约边际对企业内工资差距的影响，并根据统计分析的特征通过加入行业与地区虚拟变量进一步检验出口集约边际的影响，结果表明随着企业参与出口程度的增加，会扩大企业内不同类型劳动力之间的工资差距。考虑到固定效应模型分析中可能存在的内生性问题，进一步采用系统广义矩估计模型重新进行估计，在经过相关工具变量检验证明模型有效性的基础上，结论再次证明企业出口的集约边际对企业内工资差距存在显著的正向影响。

第三节进一步分析了模型的稳健性，首先考虑样本内存在大量的非出口企业可能导致样本估计的偏误，采用出口虚拟变量的形式对出口变量进行了替换；接下来，考虑到样本可能存在的异常值对于结论的影响，分别从工资差距异常值、行业出口比重异常值和地区出口比重异常值三个方面对样本进行了剔除；最后，考虑到不同出口占比区间内出口密集度对工资差距的影响可能存在差异性，按照企业出口密集度从低到高将分样本进行了检验。指标替换、异常值剔除以及分样本检验的研究结论均在很大程度上支持了之前的结论，再次验证了出口的集约边际对于企业内工资差距影响模型的稳健性。

第六章　　出口形式与企业内工资差距

随着全球一体化进程的加深，科学技术迅速发展，产品更新换代速度加快，企业不可能一味追求在所有生产环节都具有绝对优势，越来越多的企业倾向于将不具有比较优势的生产环节外包出去，中间品贸易与外包得到快速发展。中国等发展中国家，由于具有廉价劳动力的比较优势，因此大量承接来自发达国家企业低技术与劳动密集生产环节的外包活动。然而，随着我国参与外包活动的日益发展，企业更多的只是追求降低生产成本、提高生产效率以及如何实现利润最大化等问题，而对于政府及相关部门而言，不得不关注日益发展的外包活动对我国劳动力市场的冲击。因此，从就业与工资差距角度研究外包活动具有现实意义。

外包对于一国工人工资与就业的影响如何，在理论分析上并未给出明确的结果。斯特拉和汉森（Feenstra and Hanson，1995）认为随着中间品投入和企业参与外包程度的增加，对于国内劳动力可能存在一定的替代作用；格罗斯曼与罗西 – 汉斯伯格（Grossman and Rossi-Hansberg，2008）的分析中则考虑到进口中间品技术溢出效应的存在，会提高企业生产率，从而增加就业与工资。实证分析的早期文献主要集中在从行业层面研究外包对于工资的影响。

与发达国家外包情形不同，中国参与国家外包主要承接低技术生产阶段与生产环节，因此国外文献的研究并不适用于中国的现实。而国内关于外包对就业影响的研究主要集中于行业层面，并未考虑企业异质性对于外包就业效应的影响。本章结合之前理论模型利用企业生产函数并结合外包的替代效应与产出效应分析思路的基础上，讨论不同情形下，承接外包对于企业工资的影响，对命题 3 进行经验检验。考虑不同企业的差异性，利用企业数据研究承接外包对于不同类型劳动力需求与工资差距的影响。由于企业统计数据中缺乏外包及不同类型劳动力工资差距指标的统计，在分析之前，本章利用海关数据与中国工业企业数据，通过企业所在行业代码、产品 HS 编码与企业进口投入品匹配构建外包指标，利用各地区农村劳动力平均工资、熟练劳动力占比以及企业平均工资计算得到企业内不同类型劳动力的工资差距。在研究承接外包影响企业工资的同时，考虑到工资作为外包成本的重要组成部分，也会影响企业参与外包的程度，外包与劳动力需求、工资之间可能存在内生性问题，因此，在实际分析中同时采用工具变量组的方式，以避免内生性问题所导致的估计偏差。

第一节　计量模型的建立、指标构建及数据介绍

一、计量模型的建立

根据理论模型的分析可知，特定贸易形式可能通过"替代效应"和"产出效应"的作用，最终会影响企业内熟练劳动工人与非熟练劳动工人之间的工资差距。以理论分析中生产函数为基础，分析中采用经典贸易理论关于工资差距与劳动力需求关系的假设，利用企业内熟练劳动工人与非熟练劳动工人之间的工资差距作为企业对于熟练劳动力需求的衡量，根据理论部分的分析，结合熟练劳动力相对需求等式（3.29），同时加入企业层面的特征变量，建立基本计量模型如下：

$$\ln d_{it} = \gamma_1 \ln M_{it} + \gamma_2 \ln \varpi_{it} + \gamma_3 X_{it} + \varepsilon_{it} \tag{6.1}$$

式中，i、t 分别表示企业和相应年份。d_{it} 代表企业内不同类型劳动工人之间的工资差距指标；M_{it} 代表外包指标，用以衡量出口企业参与特定贸易形式的程度；ϖ_{it} 和 X_{it} 分别代表企业产量需求情况和企业层面控制变量，其中企业层面的其他控制变量，参照包群和邵敏（2010）、陈波和贺超群（2013）的研究，主要选取企业生产技术水平、企业规模、资本密集度、企业年龄、外资参与程度。分析中控制企业层面的固定效应，以排除企业层面其他影响工资差距且不随时间变化的不可观测因素。

二、相关指标的构建

（一）特定贸易形式指标的构建

分析中采用外包指标作为企业参与特定贸易形式的替代指标，然而，中国海关数据库只包含企业进出口数据的统计，并没有外包的具体统计指标，因此在分析之前，如何构建企业外包指标，是首先所要考虑的问题。根据外包的定义，像中国等发展中国家承接国外在某些生产环节上的外包，其生产

的产品要以发达国家的原材料、零部件为中间投入品，从而形成发展中国家
的外包活动。海关数据库中统计的进口量既包括用于生产的中间品也包括最
终消费的产品。分析数据来自于海关数据库与工业企业数据库的合并数据，
我们剔除了海关数据库中服务企业的进出口交易记录，可以在很大程度上排
除直接用于消费的进口产品被统计到样本数据中。在排除服务企业的进口交
易记录之后，将样本中企业的进口总值按照企业和相关年份进行汇总，得到
广义外包规模，作为企业外包的一个指标。

　　本章所要研究的是外包对于企业劳动力需求的影响以及对于企业不同类
型劳动力工资差距的影响。广义外包指标的构建，在很大程度上可以排除进
口产品直接用于消费的情形。但即使进口产品全部用于中间投入，仍难以确
定进口产品对于我国熟练劳动力需求存在的影响。此外，企业可能通过直接
从国外进口机器，从而影响企业对于熟练劳动力的雇佣和企业不同类型劳动
力工资的差距，而并非通过外包的影响。

　　综上，广义外包指标并不能很好地区分进口产品对于我国熟练劳动力的
影响，也无法排除因进口机器设备对于企业工资和劳动力需求的影响。根据
"狭义外包"的定义，所购置的投入产品应当与生产企业属于同一行业，即
在中间品投入与企业最终产品相似程度越高的情形下，企业劳动力被替代的
可能性越大。因此，本章同时定义进口投入与企业出口及销售产品属于同一
HS4 分位水平的产品加总[1]，作为该企业参与外包的衡量指标，并以企业和
相应年份为依据汇总样本企业狭义外包的规模。

（二）企业内工资差距指标的构建

　　中国工业企业数据库仅包含企业的平均工资和熟练劳动力[2]占比的数据。
根据戈德堡（Goldberg，2010）的分析结论，生产率较高的企业可能更倾向
于雇佣熟练劳动工人，从而会导致企业熟练劳动力占比与企业生产力之间具
有正向的相关关系。为了避免企业在选择劳动力类型时所产生的内生性问题，

---

　　① 出口产品与进口产品的对应，直接采用海关数据库中 HS 编码进行匹配；进口产品与国内销
售企业，采用 HS 编码与企业所在行业进行匹配，产品 HS 编码与中国行业的对照参考盛斌（2002）
的分类。
　　② 本章将高中及以上学历的工人定义为熟练劳动力。

将企业熟练劳动工人与非熟练劳动工人的比例固定为 2004 年的比例，2004 年正好位于样本区间的中间位置，可以近似认为其他年份的企业熟练劳动力占比与 2004 年相似。假设企业的平均工资为 $\bar{w}$，熟练劳动工人占比为 ϕ_s，熟练劳动工人与非熟练劳动工人的工资分别表示为 w_s、w_u，根据平均工资的定义，有如下公式：

$$\bar{w} = \phi_s w_s + (1 - \phi_s) w_u \tag{6.2}$$

因此，计算企业不同类型劳动力的工资差距，需要企业平均工资、熟练劳动工人占比以及非熟练劳动工人工资的数据。本章在非熟练劳动力同质性和行业内工人利润分成不变两种假设的情形下，分别估计企业内熟练劳动工人与非熟练劳动工人之间的工资差距，具体估算方法参见引言第二节中关于出口企业内工资差距的测度部分。

（三）其他指标说明

对于产出需求（ϖ_{it}），根据中国企业参与外包的特点，主要产出需求来自于国外市场，因此分析中用样本年份内企业出口规模表示。

企业效率的衡量指标选取劳动生产率（lp）这一单要素生产率作为分析对象，并且凡格斯和瓦格纳（Fryges and Wagner，2008）的研究也证明了以人均销售收入度量的劳动生产率与企业全要素生产率之间是高度相关的；采用企业的总就业人数（emp）衡量企业的规模；资本密集度采用固定资产平均余额与企业就业人数的比值表示；外资占比（fsh）采用外资资本与企业实收资本的比值表示，其中外资资本为外国资本金与港澳台资本金之和；采用统计年份与企业成立年份的差值计算得到企业的年龄（age）。选取这些指标主要基于以下考虑：

与企业经营绩效相关的变量，主要包括企业生产技术水平（lp）、企业规模（emp）和企业资本密集度（cap）。从企业内工资差距角度来看，生产技术水平较高、规模较大以及企业内资本密集度较高的企业，可能更倾向于生产技术含量更高的产品（Zhang，2014），从而增加对熟练劳动工人的需求，最终会更倾向于支付给熟练劳动工人更高的报酬。

外资占比程度（fsh）。根据企业所在行业与产品的特征，外资的流入对于企业内熟练劳动力与非熟练劳动力之间的需求与工资差距会存在不同程度的影响（Hanson and Harrison，1999；Chaudhuri and Banerjee，2010）。

企业年龄（*age*）。企业会经历成立、成长、成熟等阶段，不同阶段所采取的研发投入策略会存在差异。企业是否进行研发的概率会随着企业年龄的增加而呈现递减（Huergo and Jaumandreu，2004），即新企业可能比成熟企业需要更多的熟练劳动力，因此会在一定程度上影响企业内熟练劳动力与非熟练劳动力之间的工资差距。

三、工具变量的构造

通过之前分析可以发现，企业生产率及产出需求变化会使得外包程度与熟练劳动力相对需求之间存在正相关关系，直接回归可能造成严重的估计偏误。为了避免这一问题，分析中将同时采用工具变量的方法识别外包的外在冲击，并利用出口冲击的工具变量作为产出需求变化的替代，本章将构建与企业相应年份进出口贸易量相关，但与企业生产率与工资结构不相关的工具变量作为外包与出口的替代指标进行分析（Hummels，2011；David，2012）。对于外包的工具变量，分别选取世界出口的总供给 WES_{cmt} 与各个进口国相应年份的汇率 EX_{ct}^{I} 表示。对于出口的工具变量，则选取世界进口的总需求 WID_{cmt} 与各个出口国相应年份的汇率 EX_{ct}^{E} 表示，其中 c 代表相应国家，m 代表 4 分位产品，t 代表相应年份。

世界出口的总供给 WES_{cmt}，由 t 年国家 c 产品 m 的总出口量减去其向中国的出口量计算得到，相关数据来源于 UN comtrade 数据库。WES_{cmt} 在不考虑与中国贸易的情形下，出口国 c 向世界出口量的增加可以反映该国在 m 产品上比较优势增强，因此中国企业参与外包从 c 国进口该产品作为中间投入的可能性就更大，反之，进口可能就会减少，因此中国企业的外包数据与 WES_{cmt} 之间可能存在正相关关系；通过类似方式，构造世界进口总需求（WID_{cmt}）工具变量为 t 年国家 c 进口产品 m 的总量（不包括从中国的进口），相关数据同样来源于 UN comtrade 数据库。WID_{cmt} 在不考虑其与中国贸易的情形下，进口国 c 从世界进口量的增加可能由于 c 国消费者对产品 c 需求的增加或是 c 国生产产品 c 比较优势的减弱，使得中国向 c 国出口该产品可能性增加，因此出口与 WID_{cmt} 之间可能存在正相关关系。世界出口的总供给与世界进口的总需求两个工具变量，包括国家、产品与年份三个维度，为了将其作为企业进口与出口的工具变量，需要将其转换成为企业与年份两个维度。$share_{icm}$ 表示在样本之前年份①企业 i 从 c 国进口（出口）产品 m 的份额，最终世界出口总供给（世界进口总需求）工具变量的构造如下所示：

$$I_{it}^E = \sum_{c,m} share_{icm} WES_{cmt} \qquad (6.3)$$

$$I_{it}^I = \sum_{c,m} share_{icm} WID_{cmt} \qquad (6.4)$$

不同企业可能采用不同类型的技术，不同类型技术会影响企业的工资和投入产品的种类，因此，随着时间的变化会同时影响企业进口与工资。为了排除技术改变对于进口投入与工资所造成的影响，工具变量构造选取样本年份之前的投入比例。此外，企业从 c 国家进口产品 m，可能由于筛选成本或是产品的专用性，从而建立长期的贸易关系，利用样本之前年份企业进出口的投入关系，随着时间的推移，大多数企业往往具有高度一致性。

进口国家汇率（EXI_{ct}）与出口国家汇率（EXE_{ct}），分别采用进口国和出口国相应年份的年平均汇率，并且换算成为采用人民币进行衡量。不同国家汇率会影响中国企业从该国进出口的成本和收益，因此与企业的进出口存在一定的相关关系。由于企业可能从多个国家进口，也可能向多个国家出口，在与企业数据进行合并过程中，按照企业从相应国家进口和出口产品的比例，加权计算企业的进口国家汇率与出口国家汇率，并与相应企业进行匹配得到进口汇率（EXI_{ct}）和出口汇率（EXE_{ct}）的工具变量。此外，来自汇率的冲击可能会同时影响进口投入成本以及中国企业的出口能力，如果在分析中只采用外包的工具变量而不考虑出口，便会造成估计偏差，因此分析中同时考虑外包和出口的工具变量，可以排除这种估计误差。

四、数据介绍

本章分析中主要的两个数据来源为中国海关数据库与工业企业数据库，

---

① 本章选取 2000 年的数据，分析中所采用的样本区间为 2001～2007 年，2000 年不包括在内。

样本区间年份从 2001～2007 年，留存 2000 年数据用于工具变量的构造。外包指标 M_{it}、企业产量的需求程度 ϖ_{it} 等指标的构建主要来源于中国海关数据库；与企业相关的企业平均工资、不同类型劳动力工资差距指标以及企业层面的控制变量等均通过工业企业数据计算得到。中国海关数据库包括每月出入关境的所有交易，统计项目具体包括企业的基本信息（名称、所有权和地址等）、商品信息（品种、价格和数量等）、来源或目的国别（地区）、关别、运输方式和贸易方式等。中国工业企业数据库是由国家统计局建立的年度数据，主要由样本企业提交给当地统计局的季报和年报汇总，样本企业包括全部国有工业企业以及规模以上[①]非国有工业企业，企业信息包括企业的基本情况和财务数据，其统计单位为企业法人。

结合文章分析的需要，合并中国海关数据库与工业企业数据库。由于海关数据库提供的是进出口交易记录的月度数据，根据企业进出口产品的目的国、产品 HS8 分位编码将企业出口和进口相关数据汇总为年度数据。在合并之前，考虑将工业企业数据中存在统计问题的样本剔除，依据蔡和刘（Cai and Liu，2009）所使用的剔除方式进行：第一步，剔除关键指标（例如，总资产、职工人数、工业总产值、固定资产净值和销售额）缺失的观测值；第二步，剔除不满足"规模以上"标准的观测值，即固定资产净值低于 1000 万元，或者销售额低于 1000 万元，或者职工人数少于 30 人的观测值；第三步，剔除了一些明显不符合会计原则的观测值，包括总资产小于流动资产，总资产小于固定资产净值，或者累计折旧小于当期折旧的观测值。经过上述处理之后，按照海关数据库与工业企业数据库的公共字段（企业名称）将两个数据库进行合并，本章主要考虑外包程度对企业劳动力的影响以及所导致不同类型劳动力之间工资的差距，因此将相应年份中不存在进出口交易记录的企业从样本中剔除。

---

① 这里的"规模以上"要求企业每年的主营业务收入（即销售额）在 500 万元及以上。

第二节　统计描述与实证分析

一、统计描述

考虑参与特定贸易企业相关变量的分年份统计特征，如表6.1所示。

表6.1　　　　　　　　　　主要变量分年份统计特征

	2001年	2002年	2003年	2004年	2005年	2006年	2007年
广义外包指标	14.30	14.27	14.33	14.29	14.27	14.45	14.52
狭义外包指标	12.02	12.02	12.15	12.17	12.22	12.21	12.26
出口规模	14.43	14.64	14.73	14.76	14.88	15.01	15.13
生产技术水平	4.89	4.94	5.06	5.12	5.29	5.46	5.61
企业规模	10.82	10.91	11.07	11.02	11.21	11.25	11.31
资本密集度	3.51	3.48	3.50	3.52	3.59	3.68	3.78
外资占比程度	0.30	0.29	0.30	0.31	0.31	0.32	0.32
企业年龄	11.92	11.02	10.32	10.11	8.63	8.93	8.35
外包工具变量1	14.14	13.80	14.16	14.23	14.23	14.30	14.34
外包工具变量2	1.24	1.21	1.13	1.15	1.13	1.26	1.32
出口工具变量1	12.24	12.00	12.09	12.07	12.27	12.35	12.40
出口工具变量2	0.54	0.60	0.58	0.55	0.63	0.71	0.75

通过表6.1可知，在采用广义指标与狭义指标衡量企业特定贸易形式的情形下，参与特定贸易形式的企业均呈现一定的上升趋势，且采用广义外包指标衡量的企业参与特定贸易形式的规模更大；此外，样本内企业的出口规模、生产技术水平、企业规模、资本密集度以及外资占比量随着时间的变化，均表现出一定上升趋势，因此分析中加入年份的虚拟变量，以控制由于短期冲击及通货膨胀等随时间变化因素的存在对企业层面的影响，即分析中考虑

控制时间固定效应。

在上述分析的基础上，考虑到企业特定贸易形式在不同行业之间的差异性，因此，将企业按照所在行业进行分组，考虑不同行业样本内广义外包与狭义外包规模以及外包规模与企业总产出的占比，如表6.2所示。

表6.2　　　　　　　　　　　外包规模的分行业考察

行　业	广义外包		狭义外包	
	规模（元）	占比（%）	规模（元）	占比（%）
非金属矿采选业	1.22E+07	2.12	8760372	1.52
农副食品加工业	1.33E+10	6.65	5.08E+09	2.54
食品制造业	1.98E+09	2.03	5.62E+08	0.58
饮料制造业	1.11E+09	1.47	3.75E+08	0.50
烟草制品业	1.51E+07	1.61	101580	0.01
纺织业	2.56E+10	5.04	1.45E+10	2.85
纺织服装、鞋、帽制造业	1.58E+10	5.32	4.29E+09	1.44
皮革、毛皮、羽毛（绒）及其制品业	2.40E+10	7.04	5.14E+09	1.51
木材加工及木、竹、藤、棕、草制品业	2.52E+09	5.55	8.98E+08	1.98
家具制造业	3.78E+09	3.26	1.11E+09	0.96
造纸及纸制品业	1.16E+10	6.04	1.35E+09	0.70
印刷业和记录媒介的复制	2.91E+09	5.60	5.25E+08	1.01
文教体育用品制造业	6.95E+09	4.32	2.40E+09	1.49
石油加工、炼焦及核燃料加工业	9.22E+09	4.93	6.10E+08	0.33
化学原料及化学制品制造业	3.30E+10	3.48	1.27E+10	1.34
医药制造业	6.14E+09	3.74	2.20E+10	1.34
化学纤维制造业	4.28E+09	6.30	5.43E+08	0.80
橡胶制品业	1.37E+10	4.72	1.37E+09	0.47
塑料制品业	1.43E+10	5.70	4.47E+09	1.78
非金属矿物制品业	7.33E+09	3.94	3.05E+09	1.64
黑色金属冶炼及压延加工业	1.44E+10	3.77	6.84E+09	1.79
有色金属冶炼及压延加工业	1.03E+10	5.45	2.35E+09	1.24
金属制品业	1.72E+10	5.33	4.63E+09	1.43
通用设备制造业	2.36E+10	3.35	1.14E+10	1.62

续表

行　业	广义外包		狭义外包	
	规模（元）	占比（%）	规模（元）	占比（%）
专用设备制造业	1.52E＋10	3.86	7.25E＋09	1.84
交通运输设备制造业	8.82E＋10	3.72	4.84E＋10	2.04
电气机械及器材制造业	4.67E＋10	4.28	2.18E＋10	2.00
通信设备、计算机及其他电子设备制造业	4.17E＋11	9.83	2.55E＋11	6.01
仪器仪表及文化、办公用机械制造业	1.22E＋11	9.04	7.18E＋10	5.32
工艺品及其他制造业	1.93E＋10	10.05	1.38E＋10	7.19
废弃资源和废旧材料回收加工业	3.81E＋09	8.58	2.61E＋09	5.88
电力、热力的生产和供应业	1.55E＋07	1.27	749162	0.06
燃气生产和供应业	1.57E＋09	29.48	1.57E＋09	29.48
水的生产和供应业	8810251	0.29	1917717	0.06

在采用样本内企业汇总得到的分行业外包规模与占比的数据中发现，即使在采用狭义外包指标衡量的情形下，仍存在一定数量的行业特定贸易形式，规模在10亿元以上，主要包括纺织业、化学原料及化学制品制造业、通用设备制造业、专用设备制造业、交通运输设备制造业、电气机械及器材制造业、通信设备、交通运输设备制造业、电气机械及器材制造业、通信设备和计算机及其他电子设备制造业、仪器仪表及文化和办公用机械制造业、工艺品及其他制造业，样本内外包规模在总产出中的占比较高的行业为燃气生产和供应业、工艺品及其他制造业以及通信设备、计算机及其他电子设备制造业，分别为29.48%、7.19%、6.01%。上述统计结果说明我国大量行业内出口企业参与特定贸易形式的程度较高，因此对于企业参与特定贸易形式的现象是不可忽略的。然而，不同行业内出口企业参与外包的规模与占比却又存在显著的差异性，因此在计量分析中应当同时考虑行业层面因素对于出口企业参与特定贸易形式与企业内工资差距的影响。

实际分析中需考虑外包变化对于企业工资变量的影响。若所构造的外包指标在样本内不存在显著变化，则容易造成伪回归。因此，在进行实证分析之前，首先观察企业外包指标与其均值之间差异的分布，如图6.1和图6.2所示。

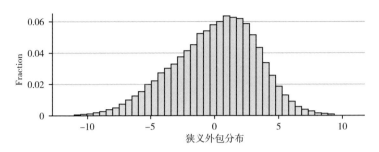

图 6.1　狭义外包指标分布

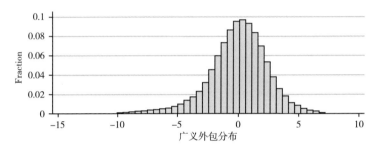

图 6.2　广义外包指标分布

图 6.1 和图 6.2 分别绘制了经过零均值化处理的狭义外包与广义外包对数分布图。可以看出，样本中外包指标分布上呈现较大幅度的变化，有利于识别其对于企业内工资差距指标的影响。

二、实证分析

本章将结合计量模型式（6.1）进行实证研究，在控制时间以及行业固定效应的情形下，分析外包对于企业内工资差距的影响。首先利用平均工资考察参与外包对于企业内熟练劳动力与非熟练劳动力需求的影响，借鉴经典贸易理论关于工资与熟练劳动力关系的假设，认为企业的平均工资越高，表明企业雇佣熟练劳动力数量就越多，否则在生产过程中，熟练劳动力便会伪装成非熟练劳动力以获取更高的工资，结果如表 6.3 所示。

表 6.3 外包对企业内不同类型劳动力需求的影响

	(1) awage	(2) awage	(3) awage	(4) awage
offs	− 0.0081 ***	− 0.0091 ***		
	(0.0020)	(0.0018)		
imp			− 0.0376 ***	− 0.0309 ***
			(0.0043)	(0.0040)
exp	0.0702 ***	0.0333 ***	0.0754 ***	0.0392 ***
	(0.0035)	(0.0035)	(0.0036)	(0.0035)
lp		0.3903 ***		0.4034 ***
		(0.0085)		(0.0083)
emp		0.0270 ***		0.0431 ***
		0.0110		0.0109
cap		0.0899 ***		0.0921 ***
		(0.0082)		(0.0080)
fsh	0.0556 **	0.0549 **	0.0549 **	0.0526 **
	(0.0225)	(0.0236)	(0.0249)	(0.0230)
age	0.0015 ***	− 0.0012 ***	0.0016 ***	− 0.0013 ***
	(0.0002)	(0.0002)	(0.0003)	(0.0002)
_cons	1.6437	− 0.3461	1.7770	− 0.1439
	0.0555	0.0921	0.0690	0.0935
时间	控制	控制	控制	控制
行业	控制	控制	控制	控制
地区	未控制	未控制	未控制	未控制
类型	未控制	未控制	未控制	未控制
N	34848	34799	36565	36514
R^2	0.0315	0.1795	0.0301	0.1851

说明：*、**、*** 分别表示在10%、5%、1%的水平上显著，圆括号内为标准误。

模型（1）在仅控制企业产出需求（出口规模）、企业年龄以及企业外资占比等与企业经营绩效无关变量的情形下，考察狭义外包对企业平均工资的影响。结果表明，随着企业参与特定贸易形式程度的增加，会使得企业对熟练劳动力的需求有所下降。结合理论分析，在控制企业变量的情形下，外包对于就业的影响将沿等产量线移动；而在未控制企业变量的情形下，存在产出效应，外包所导致的产出和人均资本的提高会增加劳动的需求，影响企业平均工资和工资差距。为了控制理论分析中劳动需求变化的产出效应，在模型（1）中加入企业规模、劳动生产率和资本密集度变量，控制企业产出效应的冲击，如模型（2）所示。结果表明，狭义外包系数的变化幅度不大，企业符号高度一致，证明外包确实会引起企业对熟练劳动力需求的变化，对于熟练劳动力存在一定的替代效应，而产出效应并不十分明显。在两种情形下，分别检验广义外包对于企业熟练劳动力需求的影响，如模型（3）、（4）所示，广义外包指标同样对于企业平均工资存在负向影响，企业在是否控制产出效应情形下差异不大。比较发现，狭义外包系数仅为广义外包指标的1/4，说明不考虑产品投入与销售产品分类的广义外包指标，可能在一定程度上高估了外包对企业熟练劳动力需求的影响。从上述分析结果看出，外包确实会降低企业对熟练劳动力需求的影响，对于企业熟练劳动力可能存在一定程度的替代效应。进一步观察模型（2）和（4）中企业层面变量可知：企业产出需求为正且高度显著，表明企业出口产品需求的增加会提高企业的平均工资，并增加企业对于熟练劳动工人的需求；企业劳动生产率、企业规模、资本密集度系数显著为正，表明随着企业生产效率的提高、企业规模的扩大以及资本密集度程度的增加均会在一定程度上提高出口企业对于熟练劳动工人的需求；外资占比的系数均为正，同样较为显著，表明企业资本来源中外资的增加同样有利于提高企业对熟练劳动工人的需求；对于企业年龄而言，符号具有一定的不稳定性，表明样本内企业年龄对于企业平均工资的影响存在不确定性。

在上述分析的基础上，考察特定贸易形式对于企业内熟练劳动力与非熟练劳动工资差距的影响，首先对非熟练劳动力工人同质性假设情形下企业内不同类型劳动力工资差距指标进行回归分析，结果如表6.4。

表6.4　非熟练劳动力同质性假设下估计外包对企业内工资差距的影响

	(1) ls	(2) ls	(3) ls	(4) ls
offs	− 0. 0064 ***	− 0. 0061 ***		
	(0.0023)	(0.0022)		
imp			− 0. 0283 ***	− 0. 0309 ***
			(0.0049)	(0.0048)

续表

	(1) ls	(2) ls	(3) ls	(4) ls
exp	0.0687 ***	0.0316 ***	0.0730 ***	0.0370 ***
	(0.0040)	(0.0042)	(0.0041)	(0.0042)
lp		0.3622 ***		0.3737 ***
		(0.0103)		(0.0101)
emp		0.0723 ***		0.0828 ***
		(0.0132)		(0.0131)
cap		0.0585 ***		0.0578 ***
		(0.0099)		(0.0096)
fsh	0.0394	0.0492 *	0.0475	0.0545 *
	(0.0303)	(0.0289)	(0.0295)	(0.0280)
age	0.0012 ***	0.0009 ***	0.0013 ***	0.010 ***
	(0.0003)	(0.0003)	(0.0003)	(0.0003)
_cons	2.4831 ***	0.5005 ***	2.6298 ***	0.7508 ***
	(0.0647)	(0.1117)	(0.0801)	(0.1130)
时间	控制	控制	控制	控制
行业	控制	控制	控制	控制
N	27737	27707	29252	29220
R^2	0.0252	0.1185	0.0243	0.1228

说明：*、**、***分别表示在10%、5%、1%的水平上显著，圆括号内为标准误。

通过表6.4的结果可知，在狭义外包的情形下，是否控制产出效应对于企业的工资差距均存在负向影响，且系数并无显著差异，说明产出效应并不明显。结果表明，随着企业参与特定贸易形式程度的提高，会降低企业熟练劳动力与非熟练劳动的工资差距，如表6.4模型（1）、（2）所示。与利用广义外包指标分析其对于企业不同类型劳动力影响得到的结论一致，只是影响程度有所提高。此外，表6.4的结果中企业生产技术水平的估计系数为正且高度显著，表明随着企业生产技术水平的提高会拉大企业内工资差距，同样支持了技术水平提高所带来的好处会更多地偏向熟练劳动工人。企业的规模系数显著为正，表明企业规模与工资差距之间为正相关关系，即规模大的企业其工资差距的扩大较快，再次验证了熟练劳动工人能够从企业增产中获得更多的收益。资本密集度的正向系数表明，资本密集度与企业内工资差距之间存在正相关关系，与预期一致，随着企业人均资本投资的增加，会促进企业生产高技术类型的产品，从而降低企业对非熟练劳动工人的需求，最终扩大了企业内工资差距。分析认为与内资企业相比，外资企业为了雇佣高质量的工人，通常会支付更高的工资，而这部分高质量工人绝大多数为熟练劳动工人，因此往往存在外资企业的溢价现象（Aitken et al，1997；包群、邵敏，2010），模型分析中企业的外资参与程度系数为正且高度显著，支持了之前分析的结论。企业年龄的系数为正，考虑到中国大多数企业均处于成长期，随着企业存续时间的增加，企业会更倾向于产品的研发与创新，因此随着企业年龄的增长，企业会增加对熟练劳动工人的需求，从而在一定程度上带来了企业内不同类型劳动之间工资差距的扩大。

考虑到地区与企业所有制类型等因素可能会导致企业内熟练劳动力与非熟练劳动力之间的工资差距，因此在表 6.4 模型的分析中加入企业所在省份以及企业类型的虚拟变量，以排除这些因素对工资差距的干扰，结果如表 6.5 所示。通过表 6.5 可知，狭义外包和广义外包对于工资差距的影响系数相比之前有一定程度的下降，符号显著为负，其他企业层面的变量系数符号与显著性与之前一致，在一定程度上证明了之前模型分析的稳健性。

表 6.5　　　　　　　　控制区位因素和企业类型特征情形下估计
外包对企业内工资差距的影响

	(1) ls	(2) ls	(3) ls	(4) ls
offs	−0.0058 **	−0.0057 **		
	(0.0022)	(0.0023)		
imp			−0.0273 ***	−0.0269 ***
			(0.0048)	(0.0049)
exp	0.0303 ***	0.0620 ***	0.0351 ***	0.0657 ***
	(0.0042)	(0.0040)	(0.0041)	(0.0041)

续表

	（1）ls	（2）ls	（3）ls	（4）ls
lp	0.3446 ***		0.3556 ***	
	（0.0104）		（0.0101）	
emp	0.0462 ***		0.0565 ***	
	（0.0133）		（0.0132）	
cap	0.0529 ***		0.0522 ***	
	（0.009）		（0.0096）	
fsh	0.0499 *	0.0395	0.0554 **	0.0477
	（0.0288）	（0.0300）	（0.0279）	（0.0292）
age	0.0009 ***	0.0011 ***	0.0010 ***	0.0012 ***
	（0.0003）	（0.0003）	（0.0003）	（0.0003）
_cons	1.0070 **	3.0543 ***	1.1636 **	3.1223 ***
	（0.4841）	（0.4982）	（0.4835）	（0.5008）
时间	控制	控制	控制	控制
行业	控制	控制	控制	控制
区位	控制	控制	控制	控制
类型	控制	控制	控制	控制
N	27707	27737	29220	29252
R^2	0.1307	0.0452	0.1340	0.0440

说明：*、**、***分别表示在10%、5%、1%的水平上显著，圆括号内为标准误。

在之前分析的基础上，采用同行业利润分成不变假设下估计得到的企业内工资差距指标检验工资差距指标的稳健性，如表6.6所示。比较表6.6与表6.4可知，结果具有一致性，企业参与特定贸易形式会扩大企业内工资差距，并且在采用广义外包指标衡量时的影响程度更大。此外，企业参与特定贸易形式的产出效应并不十分显著，同时观察控制企业地区与企业所有制类型的表6.7可知，基本结论不变。

表 6.6　　行业内利润分成不变假设下估计外包对企业内工资差距的影响

	（1） ld	（2） ld	（3） ld	（4） ld
offs	− 0.0038 ***	− 0.0036 ***		
	（0.0011）	（0.0010）		
imp			− 0.0172 **	− 0.0176 **
			（0.0080）	（0.0078）
exp	0.0238 ***	0.0493 ***	0.0223 ***	0.0461 ***
	（0.0069）	（0.0064）	（0.0070）	（0.0065）
lp	0.1425 ***		0.1448 ***	
	（0.0173）		（0.0170）	
emp	0.1533 ***		0.1593 ***	
	（0.0223）		（0.0222）	
cap	0.0351 **		0.0325 **	
	（0.0167）		（0.0164）	
fsh	0.0302	0.0238	00406	0.0383
	（0.0487）	（0.0479）	（0.0477）	（0.0469）
age	0.0004	0.0006	0.0004	0.0006
	（0.0004）	（0.0004）	（0.0004）	（0.0004）
_cons	0.1626	1.5132 ***	0.0621	1.2787 ***
	（0.1885）	（0.1021）	（0.1920）	（0.1272）
时间	控制	控制	控制	控制
行业	控制	控制	控制	控制
N	25278	25344	26919	26991
R^2	0.0131	0.0057	0.0132	0.0058

说明：* 、** 、*** 分别表示在 10% 、5% 、1% 的水平上显著，圆括号内为标准误。

表 6.7　　控制区位和企业类型情形下估计外包对企业内工资差距的影响

	（1） ld	（2） ld	（3） ld	（4） ld
offs	− 0.0037 ***		0.0036 ***	
	（0.0012）		（0.0011）	
imp		− 0.0167 **		− 0.0171 **
		（0.0078）		（0.0076）

续表

	（1） ld	（2） ld	（3） ld	（4） ld
exp	0.0241 ***	0.0228 ***	0.0489 ***	0.0459 ***
	（0.0067）	（0.0068）	（0.0062）	（0.0064）
lp	0.1466 ***	0.1486 ***		
	（0.0168）	（0.0166）		
emp	0.1491 ***	0.1567 ***		
	（0.0218）	（0.0217）		
cap	0.0296 *	0.0286 *		
	（0.0162）	（0.0159）		
fsh	0.0061	0.0199	0.0026	0.0205
	（0.0472）	（0.0463）	（0.0464）	（0.0454）
age	0.0004	0.0003	0.0005	0.0005
	（0.0004）	（0.0004）	（0.0004）	（0.0004）
_cons	0.3356	0.3287	1.6669	1.5406 ***
	（0.3565）	（0.3541）	（0.3236）	（0.3268）
时间	控制	控制	控制	控制
行业	控制	控制	控制	控制
地区	控制	控制	控制	控制
类型	控制	控制	控制	控制
N	25278	26919	25344	26991
R^2	0.0768	0.0767	0.0709	0.0706

说明：＊ 、＊＊ 、＊＊＊ 分别表示在 10% 、5% 、1% 的水平上显著，圆括号内为标准误。

第三节　内生性问题的分析

一、工具变量的检验

在研究企业参与特定贸易形式对于企业内不同类型劳动工人工资差距的影

响时，考虑到工资作为外包成本的重要组成部分，也会影响企业参与外包的程度，外包与劳动力需求、工资之间可能存在内生性问题。因此，在接下来的分析中采用工具变量组的方式，以避免内生性问题所导致的估计偏差。根据计量模型式（6.1）可知，方程中存在两个内生变量，即外包指标与出口。

本章选取世界出口的总供给与进口国相应年份的汇率作为外包的工具变量，选取世界进口的总需求与出口国相应年份的汇率作为出口的工具变量，并采用两阶段最小二乘法（2SLS）估计企业参与特定贸易形式对企业内工资差距的影响。将上述四个工具变量进行对数化处理，并作为工具变量组，分别对于狭义外包、广义外包及出口三个内生变量进行第一阶段回归，结果如表 6.8 所示。

表 6.8 两种情形下工具变量 2SLS 的第一阶段回归

	工资差距					
	未控制企业变量的情形					
	offs	imp	exp	offs	imp	exp
WID	− 0.00	0.00	0.03 ***	0.01	0.00	0.00 ***
	0.01	0.00	0.00	0.01	0.00	0.00
WES	0.04 *	0.02 ***	0.02 **	0.03 ***	0.02 ***	0.02 ***
	0.02	0.00	0.00	0.01	0.01	0.01
EXE	0.09 ***	− 0.43 ***	− 0.08 ***	− 0.08 **	− 0.60 ***	− 0.07 ***
	0.03	0.11	0.02	0.03	0.02	0.02
EXI	− 0.14	− 0.15 ***	0.00	− 0.13 ***	− 0.02	− 0.00
	0.03	0.01	0.02	0.04	0.02	0.02
F 统计量	21.21	38.73	44.65	16.70	34.79	38.73
R^2	0.03	0.06	0.06	0.03	0.05	0.06
	控制企业变量的情形					
	offs	imp	exp	offs	imp	exp
WID	0.00	0.00	0.02 ***	0.00	0.00	0.01 ***
	0.01	0.00	0.00	0.02	0.00	0.00
WES	0.05 **	0.01 ***	0.01 ***	0.06 **	0.01 ***	0.01 **
	0.02	0.00	0.00	0.02	0.00	0.00

续表

	控制企业变量的情形					
	offs	imp	exp	offs	imp	exp
EXE	− 0.05	0.03 ***	− 0.04 ***	0.05	0.03 **	− 0.03 ***
	0.03	0.01	0.01	0.04	0.01	0.00
EXI	0.11 ***	0.02 **	− 0.02	0.15	0.10 **	− 0.03 *
	0.04	0.01	0.01	0.11	0.04	0.02
F 统计量	39.23	107.29	123.11	34.79	109.56	125.03
R^2	0.08	0.19	0.21	0.08	0.20	0.21

说明：*、**、*** 分别表示在 10%、5%、1% 的水平上显著，圆括号内为标准误；在第一阶段回归中，F 统计用以检验工具变量的有效性，在其显著的情形下，可以拒绝弱工具变量的假设。

对于外包和出口两个内生变量，在控制和未控制企业变量的情形下分别进行第一阶段分析，F 统计量在各种情形下，均高度显著，排除了弱工具变量组的可能。在狭义外包指标回归式中，出口总供给与出口国汇率符号与预期一致，且十分显著。根据之前的分析，出口总供给反映了一国的比较优势，中国企业从该国进口的可能性会增加，因此与外包指标存在正相关关系。出口国家汇率代表中国企业从该国的进口产品成本，成本越高，中国企业从该国进口的可能性越低，因此与外包指标表现出负相关关系，出口及广义外包工具变量结果类似，证明了工具变量的有效性。

通过第一阶段回归结果可知，从显著性而言，进口总需求工具变量与企业出口量符号预期一致，且十分显著，与外包指标无显著相关性；世界出口总供给是强工具变量，在分析中显著性和符号均十分稳定；汇率工具变量十分显著，但可能由于只考虑出口国与时间，而未考虑不同产品进出口的特点，因此符号稳定性相对较弱。

二、在控制内生性条件下关于出口形式对工资差距的检验

上一部分的分析证明了所选取工具变量的有效性，基于此，接下来采用两阶段最小二乘法分析参与特定贸易形式对企业内不同类型劳动力之间工资差距的影响，其中表 6.9 中模型（1）和（2）为采用非熟练劳动力同质性假

设估计得到的企业内工资差距指标作为被解释变量的分析，模型（3）和
（4）为采用同行业内利润分成不变条件估计得到的企业内工资差距指标作为
被解释变量的分析，具体结果如表 6.9 所示。

表 6.9　　特定贸易形式（狭义外包指数）对企业内工资的
两阶段最小二乘回归

	非熟练劳动力同质性假设下		同行业内利润分成不变假设下	
	（1） ls	（2） ls	（3） ld	（4） ld
offs	− 0. 2295 ***	− 0. 1056 ***	− 0. 6832 ***	− 0. 4833 ***
	(0. 0325)	(0. 0307)	(0. 0444)	(0. 0276)
exp	0. 6904 *	0. 3957 *	0. 6575 ***	0. 4223 **
	(0. 3989)	(0. 2029)	(0. 2373)	(0. 2184)
lp	0. 2730 *		1. 2191 *	
	(0. 1503)		(0. 6255)	
emp	0. 9455 ***		1. 7180 **	
	(0. 3404)		(0. 8535)	
cap	0. 1445 ***		0. 1764 *	
	(0. 0431)		(0. 0914)	
fsh	0. 0341	0. 0018	0. 3811 *	0. 3188 *
	(0. 1084)	(0. 0911)	(0. 226)	(0. 1760)
age	0. 0183 *	0. 0095	0. 0366	0. 0571 **
	(0. 0100)	(0. 0104)	(0. 0237)	(0. 0227)
_cons	− 2. 9076	− 5. 2804	3. 5792	8. 4010
	(2. 4677)	(2. 4922)	(5. 8007)	(5. 3447)
行业	控制	控制	控制	控制
年份	控制	控制	控制	控制
Sargan-Hansen 检验	0. 467	0. 238	0. 382	0. 101
	[0. 7977]	[0. 9216]	[0. 8423]	[0. 9415]
观测值	7733	736	7198	7214
R^2	0. 07	0. 028	0. 063	0. 084

说明：*、**、*** 分别表示在 10%、5%、1% 的水平上显著，圆括号内为标准误；Sargan-Hansen 检验的零假设是"工具变量为过度识别"，若接受零假设则说明工具变量是合理的，方括号内为 p 值，下表同。

　　表6.9为控制行业和年份固定效应情形下，利用工具变量进行两阶段最小二乘回归结果。其中企业参与特定贸易形式采用狭义外包指标进行度量，分析结果如表6.9模型（1）所示，分析中不考虑企业层面的控制变量，即不考虑外包的产出效应。与之前估计一致，使用工具变量两阶段最小二乘回归表明，外包指标对于企业内工资存在负向显著的影响。参与特定贸易形式对于企业熟练劳动力存在替代效应，会降低企业对于熟练劳动力的需求，因此，外包会缩小企业内不同类型劳动力之间的工资差距。此外，根据理论分析，参与特定贸易形式可能提高企业生产率进而增加企业对于熟练劳动力的需求，最终增加企业内不同类型劳动力之间的工资差距，但在不考虑内生性问题情形下，产出效应并不明显。为了进一步考察外包产出效应是否存在，将企业产出和资本从回归式中剔除，即在不控制企业产出效应的情形下，分析外包的影响。比较表6.9模型（1）、（2）发现，外包系数的绝对值下升1/2左右，即外包对于企业熟练劳动力的负向影响程度减弱[①]，表明外包对于企业熟练劳动力除了存在替代效应之外，还存在一定的产出效应，但仍以替代效应为主。

　　在控制内生性问题下，进一步采用同行业内利润分成不变假设估计得到的企业内工资差距指标分析参与特定贸易形式的影响。比较表6.9中模型（3）、（4）发现，外包影响系数均为负，且在未控制企业产出效应的情形下，外包对于企业不同类型劳动力工资差距的影响程度同样有所下降，即外包会通过替代效应与产出效应同时影响工资差距，且替代效应占主导作用。

　　在上述分析基础上，考虑到一国产品世界出口总供给的增加，不仅可能产生供给冲击的变化，还可能产生世界范围内的需求冲击的变化。以新产品出现为例，企业使用相关进口产品零件投入生产该产品会经历相同的需求冲击，使得其出口的增加，可能同时表现在供给与需求的增加，且均与工资相关，即世界出口总供给作为外包的工具变量，也可能通过影响出口来影响企业工资，由于狭义外包的投入和最终产品属于同一行业，因此该种情形的估计偏差在采用狭义外包时尤为显著，但选取广义外包指标则可以在很大程度避免。为了排除需求冲击的影响，在是否控制企业产出效应情形下，分别采

[①] 同样通过 T 检验，看两种情形下系数是否存在差异，结论拒绝原假设，即认为两者存在显著性差异。

用广义外包指标作为衡量企业参与特定贸易形式规模的指标，分析其对于两种情形下企业内不同类型劳动力工资差距的影响，如表 6.10 所示。

表 6.10　　　　　特定贸易形式（广义外包指数）对企业内工资的
两阶段最小二乘回归

| | 非熟练劳动力同质性假设下 | | 同行业内利润分成不变假设下 | |
	(1) ls	(2) ls	(3) ld	(4) ld
imp	− 0.6223 ***	− 0.4982 ***	− 0.1190 ***	− 0.0850 ***
	(0.1407)	(0.0730)	(0.0311)	(0.0200)
exp	0.2170	0.4978 ***	0.1705	0.3719
	(0.2937)	(0.1914)	(0.6334)	(0.3587)
lp	0.4849 **		0.5120 ***	
	(0.0297)		(0.0306)	
emp	0.2150 **		0.9303 ***	
	(0.0979)		(0.0973)	
cap	0.0750 **		0.1426 **	
	(0.0332)		(0.0626)	
fsh	0.0574 ***	0.0746 ***	0.0637	0.0470
	(0.099)	(0.062)	(0.0453)	(0.0430)
age	0.0167 **	0.0173	0.0488 ***	0.0489 **
	(0.0067)	(0.0115)	(0.0160)	(0.0219)
_cons	3.3877	5.0141	− 7.1536 *	− 8.7746
	(2.0938)	(4.5112)	(4.0907)	(7.3507)
Sargan-Hansen 检验	4.101	4.335	3.821	3.793
	[0.1418]	[0.1321]	[0.2245]	[0.2316]
观测值	8787	8792	8334	8355

表 6.10 中模型（1）和模型（3）的结果表明，外包对熟练劳动存在一定显著的替代作用，会降低企业内不同类型劳动力之间的工资差距。将企业经营层面控制变量从模型中剔除，如表 6.10 中模型（2）和模型（4）所示，比较发现这一负向影响显著减弱。结论表明外包会通过产出效应增加企业对

熟练劳动力的需求，但以替代效应为主，且随着外包程度的提高，可以降低不同类型劳动力之间的工资差距，广义外包指标的分析结论与狭义外包指标完全一致，表明即使在极端情形下，即所分析的样本区间存在大量新产品的出现时，仍不会影响分析结论，证明了模型的稳健性。

表6.9与表6.10分别采用狭义外包和广义外包作为企业参与特定贸易形式度量指标，研究了不同情形下其对于企业内工资差距的影响，Sargan - Hansen检验均不能在10%的显著性水平拒绝工具变量是过度识别的零假设，说明工具变量是外生的，上述统计检验表明所选取的两组工具变量是合理的。比较固定效应分析与使用工具变量的两阶段最小二乘回归的结果发现，与不考虑外包内生性问题相比，采用工具变量的两阶段最小二乘法回归结果的影响系数显著扩大。上述研究结果表明随着企业参与特定贸易形式规模的增加，会在一定程度上缩小企业内熟练劳动力与非熟练劳动力之间的工资差距。

第四节　本　章　小　结

在出口边际与企业内工资差距理论分析的基础上，考虑到发展中国家的特点，本章利用工业企业数据与中国海关数据实证分析了以中国为本位的企业参与特定贸易形式对于企业内不同类型劳动工人工资差距的影响。

第一节对计量模型、指标构建与分析中所采用的数据进行了介绍。首先，计量模型以生产函数为基础，结合可能存在的"替代效应"和"产出效应"，建立企业参与特定贸易形式和企业内工资差距的基本计量模型。其次，对分析所用到的贸易形式衡量指标、企业内工资差距指标以及企业特征层面控制变量的构造进行了介绍。再次，讨论了贸易形式及市场需求的内生性问题，具体分析了所采用的世界出口的总供给、世界进口的总需求以及进出口国相应年份汇率的工具变量组的构造。最后，对分析中所用到的数据库及具体处理方式进行了描述。

在上述基础上，第二节对于样本内相关变量进行了统计性描述与实证结果的分析。统计性描述主要从企业主要特征变量的趋势性、特定贸易形式的行业异质性等角度讨论了实证分析中加入时间固定效应与行业固定效应的原因，此外，从特定贸易形式指标数据样本内存在显著变化的角度验证了选取相关指标研究的可行性。实证分析则分别从参与特定贸易形式对不同劳动力相对需求角度考察了在非熟练劳动力同质性假设下和行业内利润分成不变假设下企业参与特定贸易形式对企业内工资差距的影响。

在研究企业参与特定贸易形式对于企业内工资差距的影响时，考虑到工资作为外包成本的重要组成部分，也会影响企业参与外包的程度，外包与劳动力需求、工资之间可能存在内生性问题，因此第三节采用工具变量的两阶段最小二乘法，在控制内生性问题的情形下进一步分析企业参与特定贸易形式的影响。考虑企业所在行业、出口产品与进口产品之间的对应，为了防止对企业参与特定贸易形式规模的高估，首先采用狭义外包指标进行分析，此外，广义外包指标可以排除某些可能同时影响外包与工资冲击所造成的估计误差，因此分析中同时采用了广义外包指标进行了分析，并对工具变量组选择的有效性进行了检验。

通过之前的分析，本章得到的主要结论可以总结如下：第一，在仅控制企业产出需求（出口规模）的情形下，随着企业参与外包程度的增加，会降低企业对于熟练劳动力的需求，增加对于非熟练劳动力的需求，并降低企业不同类型劳动力之间的工资差距。第二，在最小二乘法回归的情形下，企业承接外包的产出效应并不显著；考虑到模型的内生性问题，采用工具变量回归的结论表明，承接外包的产出效应会增加企业对熟练劳动力的需求并扩大企业内工资差距，但替代效应高于产出效应，因此企业参与特定贸易形式对熟练劳动力的需求及企业内工资差距总体上呈现负向影响。

第七章　出口市场与企业内工资差距

　　本章将研究出口目的国市场是如何影响出口企业内工资差距的，即考察企业"出口向何处"对熟练劳动工人与非熟练劳动工人之间工资差距的影响，对命题4进行验证。与传统理论将生产过程看做生产要素和技术的结合不同，现有贸易理论模型分别从任务贸易（Feenstra and Hanson，1996）、市场特征（Verhoogen，2008）、出口服务（Matsuyama，2007）等不同层面对生产过程进行了补充和发展。这些方面有着不同的特征与复杂度，从而使得出口成为了技能密集型行为，本章分析重点考察向高收入国家出口行为的影响，结合之前的分析与现实状况可知，与向中低收入国家出口企业和内销企业相比，向高收入国家出口的企业完成相应生产阶段所需要的技术水平更高，出口行为的技能密集程度也相应更高，因此，对于熟练劳动工人的相对需求量将会更大，最终使得熟练劳动工人与非熟练劳动工人的工资进一步扩大。

　　根据现有文献的分析，像中国这样的发展中国家企业向高收入国家出口会通过以下两条途径增加对熟练劳动工人的需求，即使位于较低层次生产阶段的企业仍然如此。首先，出口可能会带来产品质量升级，从而会使得企业雇佣更多的熟练劳动工人（Verhoogen，2008）。对于中国企业而言，产品出口到印度、越南等邻国，可能产品质量与企业在国内销售并不存在显著差异，但对于出口到对产品质量具有更高估值的高收入国家则不然，这会使得出口企业在一定程度上进行技术升级，从而增加对熟练劳动工人的相对需求。其次，出口行为可能由于服务成本的存在而需要更多的资源，并逐渐成为技能密集型（Matsuyama，2007）。出口行为特别是向高收入国家出口需要具有开拓国际市场的能力，承担更高的运输成本，并且可能需要更多的宣传，而在这些过程中企业需要精通国际贸易、掌握多门语言和熟悉国外消费习惯的高技能工人，因此同样会增加企业对熟练劳动工人的相对需求。因此，由于上述两条可能存在的途径，企业"出口向何处"会通过影响出口行为中的技能密集度从而改变企业对熟练劳动力的相对需求，并引起不同类型劳动力之间工资差距的变动。

第一节 出口市场对企业内工资差距的实证分析

一、计量模型的设定

结合命题4，考虑到产品质量升级和销售产品服务成本对于不同类型劳动工人需求的影响主要产生于生产环节和销售环节，得到对熟练劳动工人的相对需求，记为

$$S_j = S_j^D \frac{x_j^D}{x_j} + S_j^L \frac{x_j^L}{x_j} + S_j^H \frac{x_j^H}{x_j} \tag{7.1}$$

根据第三章第三节的分析可知 $S_j^H > S_j^D$ 且 $S_j^H > S_j^L$，因此，在控制出口总额占比（exs）基础上，出口到高收入国家的占比（hexs）越高，对于熟练劳动工人的相对需求也越高，从而会拉大企业内不同类型劳动工人之间的工资差距，其中出口总额占比为企业出口额/企业总销售额，出口高收入国家占比为出口到高收入国家份额/企业总出口额。根据理论机制的分析，选取企业内工资差距指标作为被解释变量，将企业出口总额占比与向高收入国家出口占比同时加入模型，看其对于企业内工资差距的影响。此外，考虑到企业的异质性，在模型中加入企业层面的相关控制变量，实证模型如下：

$$d_{ijt} = \beta_1 exs_{ijt} + \beta_2 hexs_{ijt} + \gamma X_{ijt} + \omega_{jt} + \varepsilon_{ijt} \tag{7.2}$$

其中，i 表示企业，j 表示企业所在的行业，t 表示相应的年份。X_{ijt} 为控制变量，ω_{jt} 为行业和年份的固定效应，其中行业取两分位；ε_{ijt} 为随机误差项。参照包群和邵敏（2010）、陈波和贺超群（2013）的研究，企业层面的控制变量主要选取企业生产技术水平、企业规模、资本密集度、企业年龄、外资参与程度。企业效率的衡量指标选取劳动生产率（lp）这一单要素生产率作为分析对象；采用企业的总就业人数（emp）衡量企业的规模；资本密集度采用固定资产平均余额与企业就业人数的比值表示；外资占比（fsh）采用外资资本与企业实收资本的比值表示，其中外资资本为外国资本金与港澳台资本金之和；采用统计年份与企业成立年份的差值计算

得到企业的年龄（*age*）。

二、数据的处理

本书分析中两个主要的数据来源为 2000~2007 年中国海关数据库和工业企业数据库。中国的海关数据库统计的是每月出入关境的所有交易，统计项目包括企业的基本信息（名称、地址、所有权等）、商品信息（品种、数量、价格等）、来源或目的国别（地区）、贸易方式、运输方式、关别等。中国工业企业数据库是由国家统计局建立的年度数据，主要由样本企业提交给当地统计局的季报和年报汇总，样本企业包括全部国有工业企业以及规模以上[①] 非国有工业企业，企业信息包括企业的基本情况和财务数据，其统计单位为企业法人。

考虑到文章分析出口到高收入国家对于企业平均工资的影响，数据处理中将 2000~2007 年[②]中国海关数据库与工业企业数据库进行匹配。首先，根据出口企业及其出口目的国将海关数据的月度数据汇总成年度数据并计算不同企业出口到不同目的国的出口总值；接下来，以企业为单位，加总向高收入国家[③]的出口值以及总出口值；然后考虑将工业企业数据库中存在统计问题的企业剔除[④]；最后，按照海关数据库与工业企业数据库的公共字段（企业名称）进行匹配。由于海关数据库统计的为最终出口企业的数据，按照这种方式匹配，可以剔除工业企业数据库统计的贸易中间商，更有利于直接考虑出口不同地区对于企业工资差距的影响。通过对接之后，得到不同年份的企业数量、出口目的国数量（如表 7.1 所示）。

---

① 这里的"规模以上"要求企业每年的主营业务收入（即销售额）在 500 万元及以上。

② 由于 2004 年工业企业数据库不包含出口数据，文章样本中不包括 2004 年的相关数据。

③ 按照世界银行（world bank）的分类，将高收入 OECD 国家、高收入非 OECD 国家以及中等偏上收入国家作为高收入国家，详细内容见附录。

④ 参照 Cai 和 Liu（2009）所使用的剔除方式：第一步，剔除关键指标（例如，总资产、职工人数、工业总产值、固定资产净值和销售额）缺失的观测值；第二步，剔除不满足"规模以上"标准的观测值，即固定资产净值低于 1000 万元，或者销售额低于 1000 万元，或者职工人数少于 30 人的观测值；第三步，剔除了一些明显不符合会计原则的观测值，包括总资产小于流动资产，总资产小于固定资产净值，或者累计折旧小于当期折旧的观测值。

表 7. 1　　　　　　　　　2001~2007 年样本企业与目的国数量

年份	出口企业	目的国	高收入目的国	年份	出口企业	目的国	高收入目的国
2001	16950	208	46	2005	21066	230	48
2002	21357	219	44	2006	27583	217	46
2003	25331	222	48	2007	23855	222	44

　　此外，比较向高收入国家出口的企业与向中低收入国家出口的企业①特征的差异，如表 7.2 所示。通过统计特征发现，向高收入国家出口的企业，企业生产效率、企业规模、资本密集度、外资占比和年龄均高于出口企业总体的平均值，表明向高收入国家出口的企业通常具有更高的生产效率、更大的企业规模、更高的资本密集度，并且资金来源中的外资占比更高；对于出口中低收入国家的出口商而言，企业生产效率、企业规模、资本密集度、外资占比、年龄等企业特征因素则低于出口企业的总体均值。初步统计结果表明，对于出口不同目的国市场的企业而言，可能在企业层面存在显著的差异，而这些差异本身可能引起熟练劳动力与非熟练劳动力之间的工资差异，若不考虑这些因素容易造成估计偏差，因此在计量分析中需要加入企业层面的控制变量。

表 7. 2　　　　　　　　　　样本内出口企业的统计特征

变　　量	出口企业	出口高收入国家	出口中低收入国家
企业生产效率	5. 2632	5. 3001	5. 0127
企业规模	5. 2206	5. 7049	5. 0958
资本密集度	4. 9568	5. 0061	4. 8135
外资占比	0. 3423	0. 5563	0. 3051
企业年龄	9. 8446	9. 1749	8. 8835

① 以企业是否向高收入国家出口为依据，区分出口高收入国家的企业与出口低收入国家的企业。

三、实证结果

在上述统计分析的基础之上，研究向不同收入水平目的国出口对于企业内工资差距的影响，即随着向高收入国家出口比例的变化对于企业内工资差距将如何变化。回归分析中采用 OLS 同时控制行业、年度和区位固定效应，结果如表 7.3 所示。

表 7.3　　　　　　控制行业和年度固定效应的 OLS 基本回归

	(1) ls	(2) ls	(3) ls	(4) ls
exs	0.2643 ***		0.2585 ***	0.0402 ***
	(0.0078)		(0.0079)	(0.0077)
hexs		0.0772 ***	0.0276 ***	0.0308 ***
		(0.0075)	(0.0076)	(0.0068)
lp				0.0867 ***
				(0.0035)
emp				0.1644 ***
				(0.0018)
cap				0.0786 ***
				(0.0033)
fsh				0.1757 ***
				(0.0033)
age				0.0008 ***
				(0.0002)
_cons	2.3057 ***	2.3484 ***	2.3301 ***	−0.3078 **
	(0.1283)	(0.1299)	(0.1285)	(0.1168)
N	47462	47463	47462	47425
R^2	0.0705	0.0408	0.0707	0.2669

说明：＊、＊＊、＊＊＊分别表示在 10%、5%、1% 的水平上显著，括号内为标准误。

在表 7.3 模型（1）只包含出口密集度（exs），在控制行业固定效应和年度固定效应情形下，符号为正且高度显著。结果表明，对于出口企业而言，随着出口份额的增加，会在一定程度上拉大企业内不同类型劳动工人之间的工资差距，即对于中国的出口企业而言，企业内工资差距会随着出口份额的增加而增加。模型（2）中向高收入国家出口占比的系数显著为正，表明随着向高收入国家出口占比的增加，使得企业内工资差距的进一步提高，与理论模型预期一致，即向高收入国家出口会使得企业对于熟练劳动工人的需求量增加，从而使得企业内工资差距的进一步扩大。模型（3）同时包括了出口密集度及向高收入国家出口占比两个变量，与模型（1）、（2）回归相比，出口密集度与向高收入国家出口占比的系数符号稳定，系数的绝对值均有所下降，且向高收入国家出口占比的影响系数为0.0276，表明在企业出口密集度一定的情形下，随着企业向高收入国家出口份额的增加，会进一步增加企业对于熟练劳动工人的需求，从而与一般出口企业相比，企业内工资差距扩大的幅度会有所提高。在控制向高收入国家出口占比变量的情形下，随着企业出口密集度的增加，同样会造成企业内工资差距的扩大，表明即使向中低收入国家出口的企业，相比于一般内销企业而言，同样会增加对熟练劳动工人的需求，并拉大出口企业内不同类型劳动工人之间的工资差距。

根据之前的统计特征分析，为了进一步控制企业层面的异质性特征对于熟练劳动力与非熟练劳动力之间工资差距的影响，在模型（4）中引入企业生产效率、企业规模、资本密集度、外资占比以及企业年龄等因素作为企业层面的控制变量，结果表明出口密集度和向高收入国家出口的系数仍显著且符号稳定。同时，在控制企业层面特征变量的情形下，出口密集度对于企业内工资差距的正向影响存在很大程度的下降，表明在不考虑企业特征的情形下，会高估企业出口对于企业内不同类型劳动工人之间工资差距的影响；出口高收入国家占比系数存在一定程度的上升，且系数的符号与显著性不变，表明在控制企业层面特征的情形下，向高收入国家出口占比的影响稳定，进一步证明其对于企业内工资差距影响的稳健性。

表7.3模型（4）中企业生产技术水平的估计系数为正且高度显著，表明随着企业生产技术水平的提高会拉大企业内工资差距，同样支持了技术水平提高所带来的好处会更多地偏向熟练劳动工人。企业的规模系数显著为正，表明企业规模与工资差距之间为正相关关系，即规模较大的企业其工资差距的扩大较快，再次验证了熟练劳动工人能够从企业增产中获得更多的收益。

资本密集度的正向系数表明，资本密集度与企业内工资差距之间存在正相关关系，与预期一致，随着企业人均资本投资的增加，会促进企业生产高技术类型的产品，从而降低企业对非熟练劳动工人的需求，最终扩大了企业内工资差距。普遍认为与内资企业相比，外资企业为了雇佣高质量的工人，通常会支付更高的工资，而这部分高质量工人绝大多数为熟练劳动工人，因此往往存在外资企业的溢价现象（Aitken et al，1997；包群、邵敏，2010），模型分析中企业的外资参与程度系数为正且高度显著，支持了之前分析的结论；此外，企业年龄的系数为正且较为显著，考虑到中国大多数企业均处于成长期，随着企业存续时间的增加，企业会更倾向于产品的研发与创新，因此随着企业年龄的增长，企业会增加对熟练劳动工人的需求，从而在一定程度上带来了企业内不同类型劳动之间工资差距的扩大。

通过上述分析可以看出，随着向高收入国家出口占比的增加，企业内不同类型劳动工人工资差距会显著扩大，即企业会通过增加对熟练劳动工人的需求从而提高企业技术与利润。出口占比系数和向高收入国家出口系数均显著为正，并且出口占比系数低于向高收入国家出口的系数，与第三章理论分析的预期一致。结论表明向高收入国家出口可能需要更高的服务成本和产品质量升级，因此可能会增加对熟练劳动工人的需求，并在一定程度上增加企业的获利空间，由于熟练劳动工人具有更强的讨价还价能力，从而最终扩大企业内熟练劳动工人与非熟练劳动工人之间的工资差距。

第二节　稳健性分析

一、企业内工资差距指标的稳健性检验

上一节中关于企业内工资差距的分析，是建立在非熟练劳动工人一致性假设条件下估计得到的，为了进一步验证企业内工资差距指标的稳健性，我们采用在行业内工人利润分成不变的假设下估计所得到的企业内工资差距指标，重新估计向不同市场出口特别是向高收入国家的出口对于企业内工资差距的影响，分析中同样控制行业效应、年度效应和区位效应，结果如表7.4所示。

表7.4	企业内工资差距指标的稳健性检验		
	(1) ld	(2) ld	(3) ld
hexs	0.6325 ***	0.4293 ***	0.0276 **
	(0.0168)	(0.0157)	(0.0091)
exs	0.8918 ***	0.0331 ***	0.0320 ***
	(0.0201)	(0.0204)	(0.0117)
lp		0.0908 ***	0.0765 ***
		(0.0076)	(0.0043)
emp		0.1048 ***	0.1193 ***
		(0.0044)	(0.0026)
cap		0.3959 ***	0.0468 ***
		(0.0071)	(0.0042)
fsh		0.1984 ***	0.0168 *
		(0.0125)	(0.0075)
age		0.0005	0.0024 ***
		(0.0006)	(0.0004)
_cons	3.2709 ***	−0.6909 ***	0.7299 ***
	(0.0277)	(0.0534)	(0.0419)
行业效应	控制	控制	控制
年度效应	控制	控制	控制
区位效应	未控制	未控制	控制
N	56249	56205	56205
R^2	0.1039	0.2404	0.7631

说明：＊、＊＊、＊＊＊分别表示在10%、5%、1%的水平上显著，括号内为标准误。

通过表7.4可以发现，模型（1）中企业出口密集度和向高收入国家出口份额系数为正且高度显著，说明随着企业出口密集度和向高收入国家出口份额的增加，会增大企业内熟练劳动工人与非熟练劳动工人之间的工资差距；此外，与之前分析一致，向高收入国家出口份额的系数大于企业出口密集度系数，表明向高收入国家出口对于企业内工资差距扩大的影响更为显著。

考虑到分析中未引入企业层面的因素可能造成计量分析的偏差，因此在模型（2）中同时加入企业层面的控制变量。可以看出，出口密集度、向高收入国家出口占比以及企业层面控制变量均高度显著，表明出口特别是向高收入国家出口对于企业内工资差距的扩大存在稳定的正向影响，与之前估计的结论一致，证明了企业内工资差距指标的稳健性，同时表明出口市场对于企业内工资差距影响的稳定性。考虑到企业所在地区的特定因素可能对于工资差距的影响，模型（3）进一步引入企业所在省份的虚拟变量，以控制区位因素对于分析出口市场对企业内工资差距的偏差。结果表明，向高收入国家出口占比系数与出口密集度系数均高度显著，且向高收入国家出口占比系数存在一定程度的下降，模型中其他回归变量系数均高度显著，再次验证了分析结论的稳健性。

二、向高收入国家出口占比指标的稳健性检验

为了检验高收入国家出口占比指标选取的合理性，将回归模型中向高收入国家的出口份额变量采用虚拟变量替换 H。按照世界银行（World Bank）的分类，将高收入 OECD 国家、高收入非 OECD 国家以及中等偏上收入国家作为高收入国家[①]，其他出口目的国作为中低收入国家，企业出口份额中包含向高收入国家出口的，虚拟变量记为 1，否则记为 0。回归分析中关注高收入国家出口虚拟变量的符号和显著性，结果如表 7.5 所示，其中模型（3）和（4）是在模型（1）和（2）的基础上进一步控制企业区位因素的影响。

表 7.5	向高收入国家出口占比指标的稳健性检验			
	（1） ls	（2） ld	（3） ls	（4） ld
H	0.3601 ***	0.2540 ***	0.3109 ***	0.0540 **
	（0.0251）	（0.0354）	（0.0248）	（0.0198）
exs	0.0425 ***	0.2858 ***	0.0473 ***	0.0922 ***
	（0.0074）	（0.0204）	（0.0076）	（0.0117）

---

① 所包含的具体国家名称及匹配代码可参见附录。

续表

| | (1) | (2) | (3) | (4) |
	ls	ld	ls	ld
lp	0.0877***	0.0933***	0.0954***	0.0762***
	(0.0035)	(0.0077)	(0.0036)	(0.0043)
emp	0.1606***	0.1123***	0.1654***	0.1193***
	(0.0018)	(0.0045)	(0.0019)	(0.0043)
cap	0.0824***	0.4120***	0.0720***	0.0462***
	(0.0032)	(0.0071)	(0.0033)	(0.0042)
fsh	0.1819***	0.1774***	0.1289***	0.0202**
	(0.0049)	(0.0126)	(0.0052)	(0.0075)
age	0.0006**	0.0005	0.0003	0.0024***
	(0.0002)	(0.0007)	(0.0002)	(0.0004)
_cons	−0.2974***	−0.8564***	−0.2417*	0.8108***
	(0.0330)	(0.0617)	(0.1199)	(0.0452)
行业效应	控制	控制	控制	控制
年度效应	控制	控制	控制	控制
区位效应	未控制	未控制	控制	控制
N	47425	56205	47425	56205
R^2	0.2590	0.2310	0.2779	0.7631

说明：*、**、***分别表示在10%、5%、1%的水平上显著，括号内为标准误。

通过表7.5可知，采用虚拟变量指标和占比指标对于企业内熟练劳动工人与非熟练劳动工人工资差距影响系数的符号和显著性是高度一致的，证明了模型中向高收入国家出口占比指标的可信性，并且在控制企业区位因素的情形下，向高收入国家出口占比系数在两种估算工资差距的情形下具有不同程度的下降，表明不考虑区位因素的影响可能对出口市场的影响存在高估。表7.5中其他企业层面控制变量系数的方向和显著性与之前的结论一致。

三、企业所有制的影响

考虑到我国出口企业不同所有权特征的差异，不同类型企业的工资差距本身会存在着一定的异质性，并且不同的企业类型可能会使得出口市场对于企业内工资差距的影响程度不同。根据样本数据的特点，将总体样本按照企业类型分为国有企业、外资企业以及私营企业，其中国有企业主要包括国家控股的企业和集体企业；外资企业包括外商独资、中外合资以及中外合作三种类型，私营类型的企业主要包括个体工商户、私营企业等①。为了排除所有制类型对于企业内不同类型劳动工人之间工资差距的影响，对上述三种类型的企业分别进行回归，结果如表7.6所示。

表7.6　　　　　　　　　不同企业类型影响下的模型稳健性检验

	国有企业		外资企业		私营企业	
	(1) ls	(2) ld	(3) ls	(4) ld	(5) ls	(6) ld
hexs	0.0505 *	0.0022	0.0408 **	0.0469 **	0.0526 ***	0.0685 ***
	(0.0201)	(0.0353)	(0.0133)	(0.0149)	(0.0084)	(0.0118)
exs	0.0592 *	0.0436	0.0160	0.0169	0.0512 ***	0.0544 ***
	(0.0245)	(0.0417)	(0.0141)	(0.0165)	(0.0099)	(0.0176)
lp	0.0264 *	0.0031	0.0984 ***	0.0696 ***	0.1023 ***	0.0874 ***
	(0.0108)	(0.0178)	(0.0062)	(0.0064)	(0.0047)	(0.0062)
emp	0.1329 ***	0.1413 ***	0.1520 ***	0.1211 ***	0.1814 ***	0.1216 ***
	(0.0058)	(0.0097)	(0.0033)	(0.0038)	(0.0025)	(0.0037)
cap	0.0966 ***	0.1034 ***	0.1520 ***	0.01211 ***	0.0791 ***	0.0282 ***
	(0.0115)	(0.0196)	(0.0060)	(0.0065)	(0.0043)	(0.0057)
fsh	0.2020 ***	0.1360 ***	0.1120 ***	−0.0133	0.1441 ***	0.0360 ***
	(0.0273)	(0.0112)	(0.0118)	(0.0168)	(0.0069)	(0.0057)
age	0.0008 *	0.0025 ***	0.0012 *	0.0029 ***	−0.0010 ***	−0.0025 ***
	(0.0003)	(0.0007)	(0.0006)	(0.0009)	(0.0003)	(0.0005)
_con	0.1222	0.7289 ***	−0.3404	0.6328 ***	−0.5119 ***	0.7649 ***
	(0.1385)	(0.1553)	(0.2090)	(0.0606)	(0.1283)	(0.0639)
行业	控制	控制	控制	控制	控制	控制
年度	控制	控制	控制	控制	控制	控制

---

① 与样本内企业类型的具体对应见附录。

续表

	国有企业		外资企业		私营企业	
	(1) ls	(2) ld	(3) ls	(4) ld	(5) ls	(6) ld
区位	控制	控制	控制	控制	控制	控制
N	4089	2919	16181	26712	28170	28048
R^2	0.3166	0.7098	0.2426	0.7535	0.2849	0.7729

说明：＊、＊＊、＊＊＊分别表示在10%、5%、1%的水平上显著，括号内为标准误。

通过表7.6的回归结果发现，对于国有企业而言，企业出口密集度和向高收入国家出口占比变量对于工资差距的影响为正，但系数并不显著；对于外资企业而言，向高收入国家出口变量存在显著正向影响，但出口密集度系数不再显著；对于私营企业而言，企业出口密集度与向高收入国家出口占比变量的系数远大于国有企业和外资企业，且十分显著。通过比较三种类型企业的出口密集度和高收入国家出口占比系数的大小和显著性可知：对私营企业而言，出口密集度的增加会显著增加企业内不同类型劳动工人之间的工资差距，外资企业和国有企业的工资差距随着出口密集度的增加扩大趋势并不明显；向高收入国家出口对于国有企业工资差距的影响同样不再显著，对于私营企业和外资企业的工资差距，则存在显著的影响。上述结果与事实预期相符：对于相对稳定的国有企业而言，出口对其企业内熟练劳动工人需求的影响程度不大，企业内熟练劳动工人与非熟练劳动工人之间的工资差距更多来自于企业内部的结构因素，其由国有企业固有性质所决定，受企业经营业绩的影响程度较小；对于规模相对较小的私营企业而言，出口可能在一定程度上需要雇佣更多的熟练劳动工人，因此出口对私营企业内工资差距的扩大会存在显著的正向影响，对于随着向高收入国家出口占比的增加，由于更多的熟练劳动需求，企业内工资差距会进一步扩大；对于外资企业而言，一定的出口并不必然增加其熟练劳动工人的需求，而向高收入国家出口份额的增加则可能由于高服务成本和产品质量的升级，最终会显著增加其对于熟练劳动工人的需求，通过提高企业生产率和扩大企业利润，最终增加外资企业不同类型劳动工人之间的工资差距。通过上述分析可知，尽管企业所属类型的差异会影响出口和出口市场对于企业内工资差距影响的显著程度，但系数的方向与之前分析的基本一致，再次证明了模型的稳健性。

第三节　出口市场对企业内工资差距的影响机制分析

本章第一节在控制企业出口总量和企业异质性的基础上，验证了第三章的分析结论，说明对于中国企业而言，随着向高收入国家出口占比的提高会使得企业雇佣更多的熟练劳动工人，从而在一定程度上提高企业的生产效率和获利空间，最终拉大企业内工资差距。但正如之前理论分析，向高收入国家出口最终究竟通过何种途径影响企业内熟练劳动工人与非熟练劳动工人之间的工资差距呢？对中国企业而言，又是哪种途径占主导地位呢，是服务成本还是产品质量升级呢？上述问题还有待通过现实数据进行进一步的验证。

一、服务成本的影响机制检验

进一步分析向高收入国家出口影响工资差距的途径，考察服务成本途径。首先考虑由于文化差异或是人口消费习惯所导致的服务成本，按照 WTO 的分类，中国属于东亚和太平洋地区①，此处将同样以此为依据将样本进行划分。与其他国家比较而言，同样位于东亚和太平洋地区的国家，可能在文化差异和消费习惯上更为相近，在销售阶段服务成本投入中对于企业熟练劳动工人的需求相比于其他地区可能会偏低，通过分样本的回归分析，可以考察向不同地区的高收入国家出口导致企业内工资差距扩大是否受到高服务成本的影响，表 7.7 模型（1）、（2）分别为两种企业内工资差距估算指标下对于东亚和太平洋地区国家出口的回归结果，模型（3）、（4）分别为两种企业内工资差距估算指标下对于其他地区国家出口的回归结果，分析中同样控制了年份、行业和区位固定效应。两种情形下出口密集度、向高收入国家出口占比以及

---

① 主要包括：澳大利亚、文莱、斐济、密克罗尼西亚、关岛、中国香港、印度尼西亚、日本、柬埔寨、基里巴斯、韩国、老挝、中国澳门、马绍尔群岛、缅甸、蒙古、北马里亚纳、马来西亚、新喀里多尼亚、新西兰、菲律宾、贝劳、巴布亚新几内亚、朝鲜、波利尼西亚、新加坡、所罗门群岛、泰国、东帝汶、汤加、越南、瓦努阿图、西萨摩亚、萨摩亚。

企业层面控制变量的系数方向与总体样本结论一致并且均较为显著，表明随着企业出口密集度的提高、向高收入国家出口占比的提高，会使得企业内不同类型劳动工人之间的工资差距扩大。并且，向东亚和太平洋地区与非东亚和太平洋地区的总体出口对企业内工资差距扩大的影响系数相差不大，证明对于总体出口而言，向东亚和太平洋地区国家的出口并不需要过多的熟练劳动工人，对于企业技术的提高和利润的扩大也不存在显著的差别，因此对于企业内熟练劳动工人与非熟练劳动工人之间的工资差距的影响同样不存在显著差异。然而，向东亚和太平洋地区高收入国家出口比例变量的系数，是东亚和太平洋地区高收入国家出口系数的1.5倍以上，并且在采用两种企业内工资差距指标度量的情形下结论高度一致，表明为了拓宽高收入国家出口市场，对于与我国文化和人口消费习惯差异更大的非东亚和太平洋地区的高收入国家出口会在一定程度上额外增加对于熟练劳动工人的需求，从而进一步扩大出口企业内不同类型劳动工人之间的工资差距，即向高收入国家出口所增加的熟练劳动工人需求部分原因来自于高服务成本，上述回归结果支持了向高收入国家出口份额的提高使得企业内工资差距的扩大，其中一条重要的影响途径来自于较高的服务成本。

表 7.7 服务成本影响途径验证——文化或习惯差异

	东亚和太平洋地区		其他地区	
	(1) ls	(2) ld	(3) ls	(4) ld
hexs	0.0244 **	0.0263 *	0.0382 ***	0.0467 **
	(0.0091)	(0.0110)	(0.0103)	(0.0165)
exs	0.0524 ***	0.0741 ***	0.0538 ***	0.0763 ***
	(0.0101)	(0.0141)	(0.0116)	(0.0212)
lp	0.0941 ***	0.0783 ***	0.0977 ***	0.0725 ***
	(0.0047)	(0.0051)	(0.0055)	(0.0082)
emp	0.1658 ***	0.1168 ***	0.1655 ***	0.1248 ***
	(0.0025)	(0.0030)	(0.0029)	(0.0049)
cap	0.0764 ***	0.0462 ***	0.0677 ***	0.0487 ***
	(0.0044)	(0.0049)	(0.0051)	(0.0079)

续表

	东亚和太平洋地区		其他地区	
	(1) ls	(2) ld	(3) ls	(4) ld
fsh	0.1331 ***	0.0196 *	0.1280 ***	0.0080
	(0.0069)	(0.0088)	(0.0081)	(0.0143)
age	0.0003	0.0025 ***	0.0004	0.0021 **
	(0.0003)	(0.0004)	(0.0003)	(0.0007)
_cons	−0.2916	0.7400 ***	0.3535	0.7542 ***
	(0.1497)	(0.0490)	(0.1932)	(0.0850)
行业效应	控制	控制	控制	控制
年度效应	控制	控制	控制	控制
区位效应	控制	控制	控制	控制
N	27627	38876	19798	17329
R^2	0.2783	0.7711	0.2788	0.7512

说明：＊、＊＊、＊＊＊分别表示在10％、5％、1％的水平上显著，括号内为标准误。

此外，为了进一步分析向高收入国家出口涉及"语言距离"的服务成本，考虑将样本按照"语言距离"的远近进行划分，参照将英语作为官方语言的国家或在该国有超过9％汉语使用者的国家记为与中国语言距离较近的国家，否则记为语言距离较远的国家，相关数据来自于 CEPII 数据库。分别对上述样本进行回归，结果如表 7.8 所示。表 7.8 模型（1）、（2）分别为两种企业内工资差距估算指标下对于与中国"语言距离"较近的国家（地区）出口的回归结果，模型（3）、（4）分别为两种企业内工资差距估算指标下对于其他国家（地区）出口的回归结果，分析中同样控制了年份、行业和区位固定效应。两种情形下向高收入国家出口占比、出口密集度以及企业层面特征变量的系数方向与总体样本结论一致并且均较为显著，表明随着企业出口密集度和向高收入国家出口占比的提高，会使得企业内不同类型劳动工人之间的工资差距扩大，与之前分析的结论一致。此外，在与中国语言距离较近的国家或地区，向高收入国家出口比例系数远小于其他地区，说明向与中国语言距离较远的高收入国家出口过程中，会使得企业增加对于熟练劳动工人的需求，从而使得企业内不同类型劳动工人之间工资差距的扩大，这一由于语言距离存在所导致的较高服务成本，显著地存在于向高收入国家出口的过程中，再次验证了出口不同目的国市场导致企业内工资差距变化的部分原因来自服务成本的差异。

表 7.8　　　　　　　　　　　服务成本影响途径验证——语言距离

	语言距离较近国家或地区		其他地区	
	（1）	（2）	（3）	（4）
	ls	ld	ls	ld
hexs	0.0140 *	0.0141 *	0.0458 ***	0.0598 **
	（0.0067）	（0.0069）	（0.0096）	（0.0191）
exs	0.0465 ***	0.0069	0.0353 ***	0.0036
	（0.0113）	（0.0123）	（0.0106）	（0.0221）
lp	0.1019 ***	0.0514 ***	0.0353 ***	0.0366 ***
	（0.0052）	（0.0045）	（0.0049）	（0.0084）
emp	0.1729 ***	0.0723 ***	0.1588 ***	0.1726 ***
	（0.0030）	（0.0029）	（0.0025）	（0.0047）
cap	0.0841 ***	0.0348 ***	0.0588 ***	0.0717 ***
	（0.0048）	（0.0043）	（0.0046）	（0.0081）
fsh	0.1358 ***	0.0212 **	0.1293 ***	0.0355 *
	（0.0074）	（0.0076）	（0.0075）	（0.0148）
age	0.0016 ***	0.0001	0.0001	0.0043 ***
	（0.0004）	（0.0004）	（0.0002）	（0.0006）
_cons	−0.0867	0.9796 ***	−0.2190	0.2333 **
	（0.2558）	（0.0457）	（0.1172）	（0.0764）
行业效应	控制	控制	控制	控制
年度效应	控制	控制	控制	控制
区位效应	控制	控制	控制	控制
N	23887	33504	23538	22701
R^2	0.2383	0.8148	0.3172	0.7227

说明：*、**、*** 分别表示在10%、5%、1%的水平上显著，括号内为标准误。

二、质量升级的影响机制检验

　　企业向高收入国家出口所带来的企业内工资差距的扩大，可能同时来源于向高收入国家出口所带来的产品质量升级。为了分析中国企业出口高收入国家所导致的企业内不同类型劳动工人之间工资差距的扩大是否受到产品质量升级的影响，根据各国贸易数据出口产品单位价值的方差将企业所在行业划分为垂直差异化程度高的行业和垂直差异化程度低的行业，质量升级机制在垂直差异化程度较高的行业应当更为显著。具体处理过程如下：①在商品 6 分位层面计算不同原产国和目的国产品的出口单位价值。②将产品层面数据与行业层面分类标准对接：首先将 UN COMTRADE 中HS6 分位贸易产品转换为国际贸易标准分类（SITC），然后将 SITC 标准与我国国民经济行业分类编码进行匹配①，最终将 HS6 分位贸易产品层面数据转换为我国行业层面数据。③以行业为标准，计算出口单位价值的方差。④按照行业将方差高于 75% 为标准，记为高垂直差异化的行业②，其余记为低垂直差异化的行业。分别按照企业所处不同垂直差异化行业，将样本进行分类回归，结果如表 7.9 所示。

表 7.9　　　　　　　　　　　　质量升级影响途径验证

	垂直差异化较高的行业		垂直差异化较低的行业	
	(19) ls	(20) ld	(21) ls	(22) ld
hexs	0.0540 ***	0.0221 ***	0.0353 ***	0.0116 **
	(0.0083)	(0.0057)	(0.0073)	(0.0050)
exs	0.0486 **	0.0750 ***	0.0550 ***	0.0283 *
	(0.0211)	(0.0074)	(0.0083)	(0.0142)
lp	0.0644 ***	0.0209 ***	0.1037 ***	0.1142 ***
	(0.0094)	(0.0027)	(0.0038)	(0.0053)

---

　　① 具体标准参见：盛斌. 中国对外贸易政策的政治经济分析/当代经济学文库 [M]. 上海人民出版社，2002.

　　② 计算得到的垂直差异化程度较高行业及行业代码见附录。

续表

	垂直差异化较高的行业		垂直差异化较低的行业	
	（19）ls	（20）ld	（21）ls	（22）ld
emp	0.1489***	0.0365***	0.1703***	0.1469***
	（0.0048）	（0.0017）	（0.0020）	（0.0031）
cap	0.0816***	0.0183***	0.0695***	0.0459***
	（0.0093）	（0.0028）	（0.0036）	（0.0050）
fsh	0.2023***	0.0337***	0.1191***	0.0189*
	（0.0153）	（0.0054）	（0.0056）	（0.0088）
age	0.0006	0.0007*	0.0005*	0.0031***
	（0.0005）	（0.0003）	（0.0002）	（0.0004）
_cons	0.2348**	2.7752***	0.4269***	0.3854***
	（0.0847）	（0.0276）	（0.1187）	（0.0507）
行业效应	控制	控制	控制	控制
年度效应	控制	控制	控制	控制
区位效应	控制	控制	控制	控制
N	15740	19808	31685	36397
R^2	0.2948	0.4599	0.2766	0.7407

说明：*、**、*** 分别表示在10%、5%、1%的水平上显著，括号内为标准误。

通过表7.9的结果可以看出，出口密集度、向高收入国家出口占比以及企业层面特征变量指标系数均显著为正，且在垂直差异化较高行业与垂直差异化较低行业系数的符号与显著性一致，再次验证了随着出口密集度提高以及向高收入国家出口占比增加均会使得企业内工资差距扩大。比较向高收入国家出口占比的系数发现，垂直差异化程度较高的行业影响系数显著高于垂直差异化程度较低的行业，表明产品质量升级是导致向高收入国家出口企业内工资扩大的一条有效途径。此外，考虑到向高收入国家出口占比的增加，企业为了提高产品性能从而进行相应的研发投入，因此接下来引入向高收入国家出口占比与企业新产品产出的交互项，回归结果报告于表7.10。

表 7.10 出口企业产品质量升级途径的验证——新产品产出

	（1） ls	（2） ld
hexs	0.0170 *	0.0301 **
	（0.0069）	（0.0092）
hexs * innova	0.0851 ***	0.0292 ***
	（0.0120）	（0.0076）
exs	0.0442 ***	0.0229 *
	（0.0077）	（0.0117）
lp	0.0949 ***	0.0766 ***
	（0.0036）	（0.0043）
emp	0.1639 ***	0.1197 ***
	（0.0019）	（0.0026）
cap	0.0712 ***	0.0473 ***
	（0.0033）	（0.0042）
fsh	0.1280 ***	0.0155 *
	（0.0053）	（0.0075）
age	0.0004 *	0.0024 ***
	（0.0002）	（0.0004）
_cons	− 0.2732 *	0.7260 ***
	（0.0079）	（0.0420）
行业效应	控制	控制
年度效应	控制	控制
区位效应	控制	控制
N	47425	56205
R^2	0.2789	0.7632

说明：*、**、*** 分别表示在 10%、5%、1% 的水平上显著，括号内为标准误。

表 7.10 模型中（1）和（2）分别汇报了两种情形下估算得到的工资差距指标的回归结果，由此不难发现，向高收入国家出口占比与企业新产品产出占比的交互项系数为正，且在两种情形下均高度显著，表明向高收入国家出口会通过提高企业新产品占比从而扩大熟练劳动工人与非熟练劳动工人之

间的工资差距。而参照中国工业企业数据库的分类，新产品界定为省内企业生产过程中首次采用新的生产技术、新的设计，或与之前相比有重大改进的，因此新产品在很大程度上可以反映企业产品质量的变化。综上，再次验证产品质量升级是企业向高收入国家出口带来工资差距的一条重要影响途径。

通过实证检验出口不同市场对于企业内熟练劳动工人与非熟练劳动工人之间工资差距的影响途径可知，随着中国企业出口高收入目的国市场，的确会通过提高企业销售产品服务成本和带来企业产品质量升级两条途径使得企业内不同类型劳动工人之间的工资差距扩大。

第四节　本章小结

本章在第三章出口市场与企业内工资差距理论分析的基础上，采用中国工业企业数据与中国海关数据对出口市场影响企业内不同类型劳动之间的工资差距进行了实证分析。第一节采用基础模型进行了回归分析，分析中同时控制年份和行业的固定效应。结论表明，企业随着向高收入国家出口占比的增加，其工人的工资差距会显著提高；进一步将控制企业异质性的变量加入到回归模型中，向高收入国家出口变量系数的大小和显著性基本不变。

第二节进一步分析了模型的稳健性，首先采用行业内工人利润分成不变的假设下估计所得到的企业内工资差距指标替代非熟练劳动工人一致性假设条件下的企业内工资差距指标，以验证企业内工资差距指标的稳健性；此外，将回归模型中向高收入国家的出口份额变量采用虚拟变量替换，以检验高收入国家出口占比指标选取的稳健性；最后，从企业不同所有制的角度再次检验模型的稳健性。上述研究的结论高度一致，验证了出口市场对于企业内工资差距影响模型的可信性。

在上述分析的基础上，为了进一步分析出口市场对于企业内工资差距的影响途径，同时结合第三章理论部分的分析，第三节分别对向高收入国家出口的服务成本角度和产品质量升级角度进行了检验。对于服务成本影响途径的检验，分别依照文化距离将出口市场分为文化差异、消费习惯与中国相近的东亚和太平洋地区，以及其他地区，按照语言距离将出口市场分为与中国距离相近的国家和其他地区，分样本进行检验，结果验证了出口不同目的国市场会导致企业内工资差距的变化，部分原因来自服务成本的差异。对于质量升级影响途径的验证，根据各国贸易数据出口产品单位价值的方差将企业所在行业划分为垂直差异化程度高的行业和垂直差异化程度低的行业，通过不同垂直差异化程度行业向高收入国家出口占比的系数以及引入与新产品产出交互项的分析表明，产品质量升级是导致向高收入国家出口时企业内工资扩大的另一条有效途径。

第八章　结论与政策建议

第一节　主要研究结论

本书对企业出口相关的几个重要方面——"是否出口""出口多少""如何出口"以及"出口向何处"进行了研究，并按照上述思路分别从理论推导与经验分析层面讨论了企业出口的扩展边际、企业出口的集约边际、企业特定出口形式以及企业出口市场目的国选择对企业内不同类型劳动力之间工资差距的影响。本章将对之前研究的主要结论进行简要的归纳和总结。

第三章的理论模型是以异质性企业理论和劳动市场不完全性特征理论为基础，系统研究企业出口行为的相关因素影响企业内熟练劳动工人与非熟练劳动工人之间工资差距的问题。第四章至第七章则分别从实证角度结合2000～2007年中国工业企业数据库与海关数据库的微观数据对相关理论进行了验证与扩展，主要结论如下：

第一，企业进入出口市场即企业的出口扩展边际会扩大企业内熟练劳动工人与非熟练劳动工人之间的工资差距，然而这一影响在企业进入出口市场当期并未完全显现出来。随着时间的推移，从长期来看，企业出口的扩展边际对于工资差距的影响显著且存在持续性。此外，企业出口扩展边际对于不同类型劳动工人工资差距的影响程度与行业技术水平密集程度相关：与高技术行业内企业相比，中低技术行业企业进入出口市场对企业内熟练劳动工人与非熟练劳动工人之间工资差距的影响更为明显，特别是从长期来看更是如此，表明中低技术行业企业更易受到出口的冲击。

第二，随着企业参与出口程度的增加会扩大企业内工资差距，即企业出口的集约边际会扩大熟练劳动工人和非熟练劳动工人之间的工资差距。此外，对于出口份额较低的企业而言，随着企业出口密集度的增加，对于企业内不同类型劳动工人之间工资差距的影响程度更大。

第三，随着企业参与特定贸易形式程度的增加，替代效应会使得企业对熟练劳动力的需求有所下降，然而产出效应会增加企业对劳动工人的需求，但仍以替代效应为主，因此企业通过参与特定贸易形式最终会抑制企业内工资差距的进一步扩大，在采用广义外包指标与狭义外包指标作为贸易形式衡量的情形下，结论稳定。

第四，在企业出口总量一定的情形下，随着企业向高收入国家出口份额的增加，会通过销售产品服务成本的提高和企业产品质量升级两条途径最终扩大企业内工资差距。此外，从企业所有制来看，对于相对稳定的国有企业而言，出口对其企业内熟练劳动工人需求的影响程度不大，企业内熟练劳动工人与非熟练劳动工人之间的工资差距更多地来自于企业内部的结构因素，由国有企业固有性质所决定，受企业经营业绩的影响程度较小；对于规模相对较小的私营企业而言，出口可能在一定程度上需要雇佣更多的熟练劳动工人，因此出口对私营企业内工资差距的扩大会存在显著的正向影响，随着向高收入国家出口占比的增加，由于对熟练劳动需求的增加，企业内工资差距会进一步扩大；对于外资企业而言，一定的出口并不必然增加其熟练劳动工人的需求，而向高收入国家出口份额的增加最终却会增加不同类型劳动工人之间的工资差距。

第二节　政策建议

综合上述结论，可以得到以下启示：

（一）权衡出口利弊，企业需谨慎出口

出口会扩大企业产品的消费市场，使得企业具有更大的获利空间并且可以分散企业仅在本国市场销售的风险，因此无论对于发达国家还是发展中国家，企业决策者均强调企业进入出口市场的重要性，并不惜以投入大量出口固定成本为代价。然而，对于国内企业特别是可能不具备参与国际竞争能力的企业而言，进入出口市场会使得企业将原本可以用于改善生产技术及提高劳动工人专业技能的资源用于出口成本的投入，一方面会造成熟练劳动工人与非熟练劳动工人工资差距的进一步扩大，另一方面还会制约企业的长期发展。因此，对于国内企业而言，在决定是否进入出口市场时，需要结合企业自身特点进行权衡，切不可盲目出口。

（二）保障低技能工人的基本权益，减少社会成本与私人成本的偏离

对于相关政府部门，为了降低企业是否进入出口市场过程中社会成本与私人成本的偏离，应当按照不同行业不同地区的经济发展状况，通过立法程序制定适当的最低工资标准和基本的福利待遇，使得企业在是否进入出口市场过程中的私人成本逐渐向社会成本靠拢，防止企业雇佣者通过剥削劳动工人特别是非熟练劳动工人工资的方式实现出口盈利。此外，通过对非熟练劳动工人工资与基本权益的立法保障，不仅有利于解决非熟练劳动工人工作时间长工资待遇低的"在职贫穷"现象，同时可以调整经济发展路径与经济增长方式，克服建立在低劳动成本基础之上的经济增长，逐步降低对廉价劳动力的路径依赖，走出"低技术陷阱"。

（三）注重对贸易收益进行适当的再分配，注重贸易结构调整

政府部门在制定贸易政策和相关经济政策时，一方面要注重对出口贸易所带来的经济收益进行适当的收入二次分配，强化国家税收对工资差距的调节作用，另一方面应当积极促进我国出口贸易发展模式由单纯强调出口规模逐步向调整出口贸易结构转变，合理调整劳动密集型与技术密集型出口企业的比重，通过劳动密集型产品出口在一定程度上解决我国短期内存在大量剩余劳动力以及对非熟练劳动工人需求不足的问题，最终将仅有少数人从出口贸易中获益转变为通过出口贸易实现全社会层面的帕累托改进。

（四）注重在国际合作中形成企业自身的核心竞争力

中国企业在参与国际外包过程中，主要锁定在技术含量较低的生产环节，随着企业参与国际外包规模的加大，对于企业熟练劳动力存在显著的替代效应，然而外包的产出效应却十分微弱。企业应当追求利润最大化，然而如果企业为了减少研发成本，一味地追求高技术外包，会使得企业丧失自主创新的能力，长此以往会使得企业面临严重的生存危机。企业在参与外包初期阶段，由于生产技术与企业规模的限制，对于技术含量较高的中间产品，可以积极采取外包策略。然而，在参与高技术中间产品外包的同时，企业应当对于高技术中间产品进行适当的消化吸收，注重吸纳高端技术人才，逐渐建立

企业自身的研发团队，加大科技投入力度，形成具有企业自主知识产权的高技术含量产品，建立企业自身的核心竞争力，争取在参与国际外包的过程中完成企业转型，逐渐成为国际分工体系的上游生产企业。

（五）鼓励企业参与外包等特定贸易形式，注重引导企业的自我升级

面对中国贫富差距日益扩大与经济发展不平衡的现状，应当鼓励中国企业积极参与外包、加工贸易等特定形式，适度扩大进口，增加企业吸收国际订单的能力。国内劳动力市场具有廉价劳动力的比较优势，大量非熟练劳动力难以就业造成了社会的不稳定因素，通过鼓励企业积极参与外包，利用国际资源，增加对非熟练劳动力的需求并提高其就业工资，可以在很大程度上缓解国内就业压力并且降低国内贫富差距。与此同时，政府在采取相关政策鼓励与引导企业参与国家外包过程中，应当考虑到参与国际外包对于企业就业与工资同时存在产出效应与替代效应，即外包确实可以在很大程度上解决国内非熟练劳动力就业与贫富差距问题，但同时也存在着对于熟练劳动力的替代效应，不利于中国高技能劳动力的就业。

综上，政府部门应当兼顾外包的两种效应对于企业劳动力需求与工资差距的影响，并进行相应的协调。政府部门应当从全局出发，合理配置国内资源，从总体上控制中国制造业企业参与外包的规模，并对中国参与国际外包的结构进行相应的优化升级。在中国参与跨国公司国际生产体系的初期，外包企业数量和参与程度均较低，应当以解决国内非熟练劳动力就业与减少不同类型劳动力工资差距为目标，采取相关优惠政策，鼓励企业积极参与国际外包，利用外包解决中国非熟练劳动力的就业与贫富分布严重不均的问题；随着参与国际外包企业数量不断增加和规模的扩大，政府应当出台相关政策，以引导企业在外包过程中实现自我升级，使得企业在参与外包过程中，由对熟练劳动力的替代效应占主导向产出效应占主导转变，最终实现外包拉动企业熟练劳动力与非熟练劳动力就业的同时增加，并通过调整熟练劳动力与非熟练劳动力之间工资增加的幅度，来降低不同类型劳动力之间工资的差距。

（六）加大人力资本投入，从源头上缩小工资差距问题

政府部门应当注重增加技能培训与教育资源的投入力度，以提高技能培

训与基础教育的质量，并结合各地区经济发展的状况，合理配置各类教育资源，特别是对劳动密集型企业与低技能企业工人进行定期的技能培训，逐渐提高我国企业劳动者的劳动技能和素质。我国地区发展的不平衡性以及大量低技能劳动者的存在，严重限制了我国参与国际竞争的出口企业对于高技术产品的研发能力，不利于我国企业在出口过程中完成自我转型与升级。此外，非熟练劳动力的大量存在，也是造成我国贫富差距的重要原因。因此，政府部门应当根据不同地区所处的发展阶段，以教育资源的投入带动相对落后地区的快速发展，为我国经济发展提供一批高素质、高技能的新型人才，这将有利于我国企业在参与国际竞争过程中，形成企业自身的研发团队，逐渐向出口高技术含量的产品转型，并在国际分工中承接高技术生产阶段，通过企业积极参与国际合作，合理配置与利用国内外资源，最终实现中国经济快速发展与降低国内贫富差距的双赢目标。

参考文献

[1] 包群，邵敏，侯维忠. 出口改善了员工收入吗？[J]. 经济研究，2011 (9)：41 – 54.

[2] 包群，邵敏. 出口贸易与我国的工资增长：一个经验分析 [J]. 管理世界，2010 (9)：55 – 66.

[3] 陈仲常，马红旗. 我国制造业不同外包形式的就业效应研究——基于动态劳动需求模型的实证检验 [J]. 中国工业经济，2010 (4)：79 – 88.

[4] 陈勇兵，陈宇媚，周世民. 贸易成本，企业出口动态与出口增长的二元边际 [J]. 经济学（季刊），2012 (4)：1477 – 1502.

[5] 陈波，贺超群. 出口与工资差距：基于我国工业企业的理论与实证分析 [J]. 管理世界，2013 (8)：6 – 15.

[6] 戴觅，余淼杰. 企业出口前研发投入、出口及生产率进步 [J]. 经济学（季刊），2011 (1)：211 – 228.

[7] 杜威剑，李梦洁. 经济新常态下出口增长动力机制研究——基于企业偏年度效应的分析 [J]. 经济评论，2014 (6)：3 – 13.

[8] 刘瑶. 外包与要素价格：从特定要素模型角度的分析 [J]. 经济研究，2011 (3)：48 – 58.

[9] 刘瑶，孙浦阳. 外包拉大了工资差距吗？——基于行业技术特定性的理论与实证分析 [J]. 南开经济研究，2012 (5)：36 – 50.

[10] 李静，彭飞. 出口企业存在工资红利吗？——基于1998 – 2007年中国工业企业微观数据的经验研究 [J]. 数量经济技术经济研究，2012

（12）：20 - 37.

[11] 梁俊伟，张二震. 技术进步、工资差异与贸易顺差 [J]. 经济科学，2009（2）：23 - 33.

[12] 刘斌，李磊. 贸易开放与性别工资差距 [J]. 经济学（季刊），2012（2）：429 - 460.

[13] 李梦洁，杜威剑. 产业转移对承接地与转出地的环境影响研究——基于皖江城市带承接产业转移示范区的分析 [J]. 产经评论，2014，5（5）：38 - 47.

[14] 毛其淋，许家云. 中国外向型 FDI 对企业职工工资报酬的影响：基于倾向得分匹配的经验分析 [J]. 国际贸易问题，2014（11）：121 - 131.

[15] 聂辉华，江艇，杨汝岱. 中国工业企业数据库的使用现状和潜在问题 [J]. 世界经济，2012（5）：142 - 158.

[16] 潘士远. 贸易自由化，有偏的学习效应与发展中国家的工资差异 [J]. 经济研究，2007（6）：98 - 105.

[17] 盛斌. 中国对外贸易政策的政治经济分析/当代经济学文库 [M]. 上海人民出版社，2002.

[18] 盛斌，马涛. 中间产品贸易对中国劳动力需求变化的影响 [J]. 世界经济，2008（3）：12 - 20.

[19] 盛斌，牛蕊. 生产性外包对中国工业全要素生产率及工资的影响研究 [J]. 世界经济文汇 2009（6）：1 - 18.

[20] 汤二子，孙振. 基于 SS 定理探析企业出口对其工资的影响 [J]. 国际经贸探索，2012（9）：36 - 46.

[21] 唐东波. 全球化对中国就业结构的影响 [J]. 世界经济，2011（9）：95 - 117.

[22] 滕瑜，朱晶. 中间产品贸易对我国熟练和非熟练劳动力收入分配的影响——基于工业部门 31 个细分行业的实证分析 [J]. 国际贸易问题，2011（5）：3 - 13.

[23] 徐毅. 外包与工资差距——基于工业行业数据的经验研究 [J]. 世界经济研究，2011（1）：44 - 48.

[24] 项松林. 中国企业进出口贸易的工资溢价 [J]. 经济评论，2013

（1）：96 – 105.

［25］于洪霞，陈玉宇. 外贸出口影响工资水平的机制探析［J］. 管理世界，2010（10）：47 – 58.

［26］杨春艳. 贸易开放与工资差距——基于中国制造业行业面板数据的实证研究［J］. 世界经济研究，2012（7）：41 – 46.

［27］杨汝岱，李艳. 区位地理与企业出口产品价格差异研究［J］. 管理世界，2013（7）：21 – 30.

［28］喻美辞. 国际贸易与相对工资差距：研究新进展述评［J］. 国际贸易问题，2013（8）：170 – 176.

［29］赵春燕，黄汉民. 出口工资溢价：自我选择效应还是出口学习效应？——基于企业异质性视角的经验研究［J］. 国际贸易问题，2013（9）：111 – 119.

［30］Aitken B, Hanson G H, Harrison A E. Spillovers, foreign investment, and export behavior［J］. Journal of International economics, 1997, 43（1）：103 – 132.

［31］Anderson J E. Globalization and income distribution: a specific factors continuum approach［R］. National Bureau of Economic Research, 2009.

［32］Anwar S, Sun S. Trade liberalisation, market competition and wage inequality in China's manufacturing sector［J］. Economic Modelling, 2012, 29（4）：1268 – 1277.

［33］Anwar S. Outsourcing and the skilled-unskilled wage gap［J］. Economics Letters, 2013, 118（2）：347 – 350.

［34］Amiti M, Davis D R. Trade, firms, and wages: theory and evidence［J］. The Review of economic studies, 2012, 79（1）：1 – 36.

［35］Arellano M, Bover O. Another look at the instrumental variable estimation of error-components models［J］. Journal of Econometrics, 1995, 68（1）：29 – 51.

［36］Arkolakis C. Market penetration costs and the new consumers' margin in international trade［R］. National Bureau of Economic Research, 2008.

［37］Artuç E. Intergenerational effects of trade liberalization［C］. TÜSİAD-

Koç University Economic Research Forum Working Paper Series, 2009.

[38] Basco S, Mestieri M. Heterogeneous trade costs and wage inequality: a model of two globalizations [J]. Journal of International Economics, 2013, 89 (2): 393 –406.

[39] Batra R, Beladi H. Outsourcing and the Heckscher-Ohlin model [J]. Review of International Economics, 2010, 18 (2): 277 –288.

[40] Baumgarten D. Exporters and the rise in wage inequality: Evidence from German linked employer-employee data [J]. Journal of International Economics, 2013, 90 (1): 201 –217.

[41] Bernard A B. Exporters and trade liberalization in Mexico: Production structure and performance [R]. mimeo, MIT, Boston, February, 1995.

[42] Bernard A B, Jensen J B. Exporters, skill upgrading, and the wage gap [J]. Journal of International Economics, 1997, 42 (1): 3 –31.

[43] Bernard A B, Redding S J, Schott P K. Comparative advantage and heterogeneous firms [J]. The Review of Economic Studies, 2007, 74 (1): 31 –66.

[44] Besedeš T, Prusa T J. The role of extensive and intensive margins and export growth [J]. Journal of Development Economics, 2011, 96 (2): 371 –379.

[45] Beyer H, Rojas P, Vergara R. Trade liberalization and wage inequality [J]. Journal of Development Economics, 1999, 59 (1): 103 –123.

[46] Bo C, Yu M, Yu Z. Wage inequality and input yrade liberalization: firm-level evidence from China [J]. Available at SSRN, 2013.

[47] Brambilla I, Lederman D, Porto G. Exports, export destinations, and skills [R]. National Bureau of Economic Research, 2010.

[48] Brandt L, Van Biesebroeck J, Zhang Y. Creative accounting or creative destruction? firm-level productivity growth in Chinese manufacturing [J]. Journal of Development Economics, 2012, 97 (2): 339 –351.

[49] Burstein A, Vogel J. Globalization, technology, and the skill premium: A quantitative analysis [R]. National Bureau of Economic Research, 2010.

［50］ Burstein A, Vogel J. Factor prices and international trade: A unifying perspective ［R］. National Bureau of Economic Research, 2011.

［51］ Cai H, Liu Q. Competition and corporate tax avoidance: evidence from Chinese industrial firms ［J］. The Economic Journal, 2009, 119 （537）: 764 – 795.

［52］ Caselli M. Trade, skill-biased technical change and wages in Mexican manufacturing ［J］. Applied Economics, 2014, 46 （3）: 336 – 348.

［53］ Cebeci T. Impact of export destinations on firm performance ［J］. World Bank Policy Research Working Paper, 2014.

［54］ Chaudhuri S, Banerjee D. Foreign capital inflow, skilled-unskilled wage inequality and unemployment of unskilled labour in a fair wage model ［J］. Economic Modelling, 2010, 27 （1）: 477 – 486.

［55］ Chongvilaivan A, Thangavelu S M. Does outsourcing provision lead to wage inequality? new evidence from Thailand's establishment-level Data ［J］. Review of International Economics, 2012, 20 （2）: 364 – 376.

［56］ Davidson C, Martin L, Matusz S. Trade and search generated unemployment ［J］. Journal of International Economics, 1999, 48 （2）: 271 – 299.

［57］ Davidson C, Matusz S J, Shevchenko A. Globalization and firm level adjustment with imperfect labor markets ［J］. Journal of International Economics, 2008, 75 （2）: 295 – 309.

［58］ Davidson C, Matusz S J. International trade with equilibrium unemployment ［M］. Princeton University Press, 2009.

［59］ David H, Dorn D, Hanson G H. The China syndrome: local labor market effects of import competition in the United States ［R］. National Bureau of Economic Research, 2012.

［60］ Davis S. J. , Haltiwanger J. Gross job creation, gross job destruction, and employment reallocation ［J］. The Quarterly Journal of Economics, 1992, 107 （3）: 819 – 863.

［61］ Davis D R, Harrigan J. Good jobs, bad jobs, and trade liberalization ［J］. Journal of International Economics, 2011, 84 （1）: 26 – 36.

［62］Deardorff A V. The general validity of the Heckscher-Ohlin theorem ［J］. The American Economic Review, 1982: 683 - 694.

［63］Dinopoulos E, Segerstrom P. A Schumpeterian model of protection and relative wages ［J］. American Economic Review, 1999: 450 - 472.

［64］Dix-Carneiro R. Trade liberalization and labor market dynamics. Econometrica, 2014, 82（3）: 825 - 885.

［65］Egger H, Kreickemeier U. Firm Heterogeneity and the Labor Market Effects of Trade Liberalization* ［J］. International Economic Review, 2009, 50（1）: 187 - 216.

［66］Ethier W J. Globalization, globalisation: trade, technology, and wages ［J］. International Review of Economics & Finance, 2005, 14（3）: 237 - 258.

［67］Fajgelbaum P D, Grossman G M, Helpman E. Income distribution, product quality, and international trade ［R］. National Bureau of Economic Research, 2009.

［68］Fariñas J C, Martín-Marcos A. Exporting and economic performance: firm-level evidence of Spanish manufacturing ［J］. The World Economy, 2007, 30（4）: 618 - 646.

［69］Feenstra R C, Hanson G H. Foreign investment, outsourcing and relative wages ［R］. National Bureau of Economic Research, 1995.

［70］Feenstra R C, Hanson G H. Globalization, outsourcing, and wage inequality ［R］. National Bureau of Economic Research, 1996.

［71］Feenstra R C, Hanson G H. The impact of outsourcing and high-technology capital on wages: estimates for the United States, 1979 - 1990 ［J］. The Quarterly Journal of Economics, 1999, 114（3）: 907 - 940.

［72］Feenstra R, Hanson G. Global production sharing and rising inequality: A survey of trade and wages ［R］. National Bureau of Economic Research, 2001.

［73］Felbermayr G, Impullitti G, Prat J. Wage Inequality, Firm Dynamics, and International Trade ［R］. mimeo, CNRS, 2013.

[74] Fryges H, Wagner J. Exports and productivity growth: first evidence from a continuous treatment approach [J]. Review of World Economics, 2008, 144 (4): 695 – 722.

[75] Glass A J, Saggi K. Innovation and wage effects of international outsourcing [J]. European Economic Review, 2001, 45 (1): 67 – 86.

[76] Goldberg P K, Pavcnik N. Distributional effects of globalization in developing countries [R]. National Bureau of Economic Research, 2007.

[77] Goldberg P K, Khandelwal A K, Pavcnik N, et al. Imported intermediate inputs and domestic product growth: evidence from India [J]. The Quarterly Journal of Economics, 2010, 125 (4): 1727 – 1767.

[78] Grossman G M, Rossi-Hansberg E. Trading tasks: a simple theory of offshoring [R]. National Bureau of Economic Research, 2006.

[79] Harrison A, McMillan M. On the links between globalization and poverty [J]. The Journal of Economic Inequality, 2007, 5 (1): 123 – 134.

[80] Harrison A, McLaren J, McMillan M S. Recent findings on trade and inequality [R]. National Bureau of Economic Research, 2010.

[81] Helpman E, Itskhoki O, Redding S. Inequality and unemployment in a global economy [J]. Econometrica, 2010, 78 (4): 1239 – 1283.

[82] Harrigan J, Reshef A. Skill biased heterogeneous firms, trade liberalization, and the skill premium [R]. National Bureau of Economic Research, 2011.

[83] Hanson G H, Harrison A. Trade liberalization and wage inequality in Mexico [J]. Industrial and Labor Relations Review, 1999: 271 – 288.

[84] Head K, Ries J. Offshore production and skill upgrading by Japanese manufacturing firms [J]. Journal of international economics, 2002, 58 (1): 81 – 105.

[85] Helpman E, Itskhoki O, Muendler M A, et al. Trade and inequality: From theory to estimation [R]. National Bureau of Economic Research, 2012.

[86] Helpman E, Itskhoki O, Redding S. Inequality and unemployment in a global economy [J]. Econometrica, 2010, 78 (4): 1239 – 1283.

[87] Hijzen A. International outsourcing, technological change, and wage inequality [J]. Review of International Economics, 2007, 15 (1): 188 – 205.

[88] Ho L S, Wei X, Wong W C. The effect of outward processing trade on wage inequality: the Hong Kong case [J]. Journal of International Economics, 2005, 67 (1): 241 – 257.

[89] Hsieh C T, Woo K T. The impact of outsourcing to China on Hong Kong's labor market [J]. American Economic Review, 2005: 1673 – 1687.

[90] Hummels D, Jørgensen R, Munch J R, et al. The wage effects of off-shoring: Evidence from Danish matched worker-firm data [R]. National Bureau of Economic Research, 2011.

[91] Imbens G M, Wooldridge J M. Recent developments in the econometrics of program evaluation [R]. National Bureau of Economic Research, 2008.

[92] Jones R W. The structure of simple general equilibrium models [J]. The Journal of Political Economy, 1965, 73 (6): 557.

[93] Klein M W, Moser C, Urban D M. The contribution of trade to wage inequality: the role of skill, gender, and nationality [R]. National Bureau of Economic Research, 2010.

[94] Krishna P, Poole J P, Senses M Z. Wage effects of trade reform with endogenous worker mobility [J]. Journal of International Economics, 2014, 93 (2): 239 – 252.

[95] Lechthaler W, Mileva M. Trade liberalization and wage inequality: New insights from a dynamic trade model with heterogeneous firms and comparative advantage [R]. Kiel Working Paper, 2013.

[96] Macis M, Schivardi F. Exports and wages: Rent sharing, workforce composition or returns to skills? [J]. 2012.

[97] Martins P, Opromolla L D. Exports, imports and wages: Evidence from matched firm worker product panels [J]. 2009.

[98] Matsuyama K. Beyond icebergs: towards a theory of biased globalization [J]. The Review of Economic Studies, 2007, 74 (1): 237 – 253.

[99] Mehta A, Hasan R. The effects of trade and services liberalization on

wage inequality in India [J]. International Review of Economics & Finance, 2012, 23: 75 – 90.

[100] Melitz M J. The impact of trade on intra-industry reallocations and aggregate industry productivity [J]. Econometrica, 2003, 71 (6): 1695 – 1725.

[101] Meschi E, Vivarelli M. Trade and income inequality in developing countries [J]. World Development, 2009, 37 (2): 287 – 302.

[102] Milner C, Tandrayen V. The Impact of Exporting and export destination on manufacturing wages: evidence for Sub-Saharan Africa [J]. Review of Development Economics, 2007, 11 (1): 13 – 30.

[103] Mitra D, Ranjan P. Offshoring and unemployment: The role of search frictions labor mobility [J]. Journal of International Economics, 2010, 81 (2): 219 – 229.

[104] Monarch R, Park J, Sivadasan J. Gains from offshoring? evidence from US microdata [J]. US Census Bureau Center for Economic Studies Paper, 2013.

[105] Monte F. Skill bias, trade, and wage dispersion [J]. Journal of International Economics, 2011, 83 (2): 202 – 218.

[106] Neary J P. Globalization and market structure [J]. Journal of the European Economic Association, 2003, 1 (2 – 3): 245 – 271.

[107] Pisu M. Export destinations and learning-by-exporting: Evidence from Belgium [J]. National Bank of Belgium Working Paper, 2008 (140).

[108] Rankin N, Schöer V. Export destination, product quality and wages in a middle-income country. The Case of South Africa [J]. Review of Development Economics, 2013, 17 (1): 64 – 73.

[109] Rosenbaum P R, Rubin D B. Constructing a control group using multivariate matched sampling methods that incorporate the propensity score [J]. The American Statistician, 1985, 39 (1): 33 – 38.

[110] Sadhukhan A. Trade, technology, and institutions: how do they affect wage inequality? evidence from indian manufacturing [J]. 2012.

[111] Shevtsova Y. International trade and productivity: does destination

matter? ［R］. 2012.

［112］Spilimbergo A, Londoño J L, Székely M. Income distribution, factor endowments, and trade openness ［J］. Journal of development Economics, 1999, 59 (1): 77 – 101.

［113］Stähler F. A model of outsourcing and foreign direct investment ［J］. Review of Development Economics, 2007, 11 (2): 321 – 332.

［114］Unel B. Firm heterogeneity, trade, and wage inequality ［J］. Journal of Economic Dynamics and Control, 2010, 34 (8): 1369 – 1379.

［115］Verhoogen E A. Trade, quality upgrading, and wage inequality in the Mexican manufacturing sector ［J］. The Quarterly Journal of Economics, 2008, 123 (2): 489 – 530.

［116］Vacek P. Productivity gains from exporting: do export destinations matter? ［R］. IES Working Paper, 2010.

［117］Yeaple S R. A simple model of firm heterogeneity, international trade, and wages ［J］. Journal of international Economics, 2005, 65 (1): 1 – 20.

［118］Zhang J. Factor mobility and skilled-unskilled wage inequality in the presence of internationally traded product varieties ［J］. Economic Modelling, 2013, 30: 579 – 585.

［119］Zhang H Y. How Does agglomeration promote the product innovation of Chinese firms? ［J］. Discussion Papers (by fiscal year), 2014.

［120］Zhu S C, Trefler D. Trade and inequality in developing countries: a general equilibrium analysis ［J］. Journal of international Economics, 2005, 65 (1): 21 – 48.

附 录

附录 A 企业内工资差距 $\hat{\alpha}_{jt}$ 和 $\hat{\beta}_{jt}$ 分年份估计值

表 A1　　　　　　　　　$\hat{\alpha}_{jt}$ 和 $\hat{\beta}_{jt}$ 2001 ~ 2002 年份系数估计

行业及代码	2001 年		2002 年	
	$\hat{\alpha}_{jt}$	$\hat{\beta}_{jt}$	$\hat{\alpha}_{jt}$	$\hat{\beta}_{jt}$
农副食品加工业（13）	35.0318	1.94E − 04	13.2280	− 1.89E − 04
食品制造业（14）	9.4863	2.44E − 04	15.7402	6.84E − 05
饮料制造业（15）	8.7311	− 5.27E − 05	24.6818	2.12E − 05
烟草制品业（16）				
纺织业（17）	3.8577	8.26E − 06	2.7259	8.60E − 05
纺织服装、鞋、帽制造业（18）	1.9458	1.48E − 04	− 1.6846	2.32E − 04
皮革、毛皮、羽毛（绒）及其制品业（19）	− 2.4836	1.68E − 04	− 0.5837	4.50E − 05
木材加工及木、竹、藤、棕、草制品业（20）	7.5264	1.09E − 03	1.3938	− 5.58E − 05
家具制造业（21）	− 5.1880	1.00E − 03	− 10.171	2.03E − 04
造纸及纸制品业（22）	− 6.8974	1.03E − 04	4.1738	3.00E − 04
印刷业和记录媒介的复制（23）	18.3407	4.73E − 05	9.5067	8.06E − 06
文教体育用品制造业（24）	5.4972	4.45E − 04	4.1804	5.58E − 04

续表

行业及代码	2001 年		2002 年	
	$\hat{\alpha}_{jt}$	$\hat{\beta}_{jt}$	$\hat{\alpha}_{jt}$	$\hat{\beta}_{jt}$
石油加工、炼焦及核燃料加工业（25）	−57.446	4.84E−05	60.7834	1.73E−05
化学原料及化学制品制造业（26）	29.2983	1.48E−04	37.9767	9.47E−05
医药制造业（27）	48.1707	−2.51E−06	59.6377	−1.89E−04
化学纤维制造业（28）	17.3081	1.15E−04	14.9816	−7.51E−05
橡胶制品业（29）	7.8008	5.71E−05	12.8487	8.03E−05
塑料制品业（30）	13.4788	2.25E−05	12.8341	6.57E−05
非金属矿物制品业（31）	5.9365	8.38E−05	6.9670	9.03E−05
黑色金属冶炼及压延加工业（32）	6.6282	3.43E−04	34.1282	3.53E−05
有色金属冶炼及压延加工业（33）	8.8062	2.12E−05	17.5056	2.28E−05
金属制品业（34）	15.0141	7.50E−05	7.2926	1.66E−04
通用设备制造业（35）	11.7876	6.12E−05	11.9801	7.26E−05
专用设备制造业（36）	19.6958	1.44E−04	12.0975	5.37E−05
交通运输设备制造业（37）	10.2135	1.39E−05	5.6709	1.35E−05
电气机械及器材制造业（39）				
通信设备、计算机及其他电子设备制造业（40）	14.9006	6.12E−05	15.2434	7.54E−05
仪器仪表及文化、办公用机械制造业（41）	20.5713	2.39E−06	21.4237	2.34E−05
工艺品及其他制造业（42）	23.5555	1.88E−05	12.4057	2.52E−04

表 A2　　$\hat{\alpha}_{jt}$ 和 $\hat{\beta}_{jt}$ 2003～2004 年份系数估计

行业及代码	2003 年		2004 年	
	$\hat{\alpha}_{jt}$	$\hat{\beta}_{jt}$	$\hat{\alpha}_{jt}$	$\hat{\beta}_{jt}$
农副食品加工业（13）	6.0616	1.35E−04	7.9671	6.34E−05
食品制造业（14）	26.3314	−5.59E−05	20.7913	4.71E−05
饮料制造业（15）	25.0601	1.36E−04	55.3545	2.21E−04
烟草制品业（16）				
纺织业（17）	3.4523	6.61E−05	4.7355	1.77E−05
纺织服装、鞋、帽制造业（18）	−3.5041	1.69E−03	4.3976	2.86E−05

续表

行业及代码	2003 年		2004 年	
	$\hat{\alpha}_{jt}$	$\hat{\beta}_{jt}$	$\hat{\alpha}_{jt}$	$\hat{\beta}_{jt}$
皮革、毛皮、羽毛（绒）及其制品业（19）	3.2358	−1.14E−04	1.0027	1.11E−04
木材加工及木、竹、藤、棕、草制品业（20）	1.5404	1.84E−05	5.3914	8.14E−04
家具制造业（21）	1.8804	3.17E−04	2.4920	9.32E−05
造纸及纸制品业（22）	5.5417	3.46E−04	16.8315	5.95E−05
印刷业和记录媒介的复制（23）	20.5493	5.26E−05	8.1118	2.49E−04
文教体育用品制造业（24）	7.8243	5.32E−04	8.8049	4.80E−04
石油加工、炼焦及核燃料加工业（25）	−8.4020	−2.57E−04	30.9212	5.63E−06
化学原料及化学制品制造业（26）	38.4467	7.36E−05	39.1230	4.93E−05
医药制造业（27）	35.3530	1.05E−04	46.9369	8.91E−05
化学纤维制造业（28）	3.7437	1.54E−05	0.6320	1.38E−04
橡胶制品业（29）	6.1736	6.39E−05	11.6772	5.96E−05
塑料制品业（30）	12.6901	1.07E−04	20.4141	−3.61E−05
非金属矿物制品业（31）	10.9823	2.25E−04	16.1002	1.08E−05
黑色金属冶炼及压延加工业（32）	34.0169	3.74E−05	13.5603	6.46E−06
有色金属冶炼及压延加工业（33）	9.8887	1.57E−04	15.1310	1.42E−05
金属制品业（34）	10.7295	1.29E−04	13.2491	1.41E−04
通用设备制造业（35）	17.3302	3.60E−05	19.5341	3.45E−05
专用设备制造业（36）	19.8798	5.77E−05	25.5310	4.70E−05
交通运输设备制造业（37）	10.7156	9.59E−06	17.2375	7.99E−06
电气机械及器材制造业（39）				
通信设备、计算机及其他电子设备制造业（40）	20.0035	1.83E−05	19.9649	2.00E−05
仪器仪表及文化、办公用机械制造业（41）	26.8064	2.02E−04	30.2070	9.79E−05
工艺品及其他制造业（42）	6.9522	2.43E−04	6.1307	2.51E−04
电气机械及器材制造业（39）				
通信设备、计算机及其他电子设备制造业（40）	20.0035	1.83E−05	19.9649	2.00E−05
仪器仪表及文化、办公用机械制造业（41）	26.8064	2.02E−04	30.2070	9.79E−05
工艺品及其他制造业（42）	6.9522	2.43E−04	6.1307	2.51E−04

表 A3 $\hat{\alpha}_{jt}$ 和 $\hat{\beta}_{jt}$ 2007 年份系数估计

行业及代码	2007 年	
	$\hat{\alpha}_{jt}$	$\hat{\beta}_{jt}$
农副食品加工业（13）	5.3808	2.62E－05
食品制造业（14）	12.8162	5.27E－05
饮料制造业（15）	15.4609	2.19E－04
烟草制品业（16）		
纺织业（17）	3.0479	1.46E－05
纺织服装、鞋、帽制造业（18）	0.6792	1.83E－04
皮革、毛皮、羽毛（绒）及其制品业（19）	1.4391	1.39E－06
木材加工及木、竹、藤、棕、草制品业（20）	3.4692	3.92E－05
家具制造业（21）	2.0067	1.06E－04
造纸及纸制品业（22）	10.6863	9.70E－05
印刷业和记录媒介的复制（23）	10.4551	1.42E－04
文教体育用品制造业（24）	2.0975	2.95E－04
石油加工、炼焦及核燃料加工业（25）	38.2342	2.44E－07
化学原料及化学制品制造业（26）	22.9617	1.20E－04
医药制造业（27）	14.7865	7.80E－05
化学纤维制造业（28）	13.7066	4.83E－05
橡胶制品业（29）	9.3129	2.25E－05
塑料制品业（30）	10.7102	2.24E－05
非金属矿物制品业（31）	6.4524	7.04E－05
黑色金属冶炼及压延加工业（32）	24.4653	6.41E－06
有色金属冶炼及压延加工业（33）	15.5052	1.49E－05
金属制品业（34）	8.5638	1.58E－04
通用设备制造业（35）	14.4283	1.16E－04
专用设备制造业（36）	17.0861	6.16E－05
交通运输设备制造业（37）	13.9875	1.81E－05
电气机械及器材制造业（39）		
通信设备、计算机及其他电子设备制造业（40）	21.3369	2.04E－05
仪器仪表及文化、办公用机械制造业（41）	18.0992	1.93E－04
工艺品及其他制造业（42）	3.4863	2.34E－04

附录 B　企业代码与类型

表 B1　　　　　　　　　　企业注册登记类型代码表

研究中分类标准	代码	注册类型
国有企业	110	国有企业
	120	集体企业
	130	股份合作企业
	140	联营企业
	141	国有联营企业
	142	集体联营企业
	143	国有与集体联营企业
	151	国有独资公司
私营企业	150	有限责任公司
	160	股份有限公司
	170	私营企业
	171	私营独资企业
	172	私营合伙企业
	173	私营有限责任公司
	174	私营股份有限公司
	175	个人独资企业
	190	其他内资企业
	400	个体经营
	410	个体户
	420	个人合伙

续表

研究中分类标准	代码	注册类型
外资企业	210	与港澳台合资企业
	220	与港澳台合作企业
	230	港澳台独资企业
	240	港澳台投资股份有限公司
	310	中外合资经营企业
	320	中外合作经营企业
	330	外商独资企业
	340	外商投资股份有限公司

附录 C　相关国家和地区名称与代码

表 C1　　　　　　　　　　样本内高收入国家和地区名称及代码

代码	国家和地区（英文）	国家（地区）
ABW	Aruba	阿鲁巴
AND	Andorra	安道尔
ANT	Netherlands Antilles	荷属安的列斯群岛
ARE	United Arab Emirates	阿拉伯联合酋长国
AUS	Australia	澳大利亚
AUT	Austria	奥地利
BEL	Belgium	比利时
BHR	Bahrain	巴林
BHS	Bahamas	巴哈马
BMU	Bermuda	百慕大群岛
BRN	Brunei	文莱
CAN	Canada	加拿大
CHE	Switzerland	瑞士
CYM	Cayman Islands	开曼群岛
CYP	Cyprus	塞浦路斯
DEU	Germany	德国
DNK	Denmark	丹麦
ESP	Spain	西班牙
FIN	Finland	芬兰
FRA	France	法国
FRO	Faeroe Islands	法罗群岛
GBR	United Kingdom	联合王国
GRC	Greece	希腊

代码	国家和地区（英文）	国家（地区）
GRL	Greenland	格陵兰岛
GUM	Guam	关岛
HKG	Hong Kong，China	中国香港
IRL	Ireland	爱尔兰
ISL	Iceland	冰岛
ISR	Israel	以色列
ITA	Italy	意大利
JPN	Japan	日本
KOR	Korea，Rep.	韩国
KWT	Kuwait	科威特
LUX	Luxembourg	卢森堡
MAC	Macao，China	中国澳门
MNP	Northern Mariana Islands	北马里亚纳群岛
NCL	New Caledonia	新喀里多尼亚
NLD	Netherlands	荷兰
NOR	Norway	挪威
NZL	New Zealand	新西兰
PRT	Portugal	葡萄牙
PYF	French Polynesia	法属玻利尼西亚
QAT	Qatar	卡塔尔
SGP	Singapore	新加坡
SMR	San Marino	圣马力诺
SVN	Slovenia	斯洛文尼亚
SWE	Sweden	瑞典
USA	United States	美国

表 C2　　　英语为官方语言的国家（地区）或在该国有超过 9%
汉语使用者的国家（地区）及代码

代码	国家和地区（英文）	国家（地区）
AIA	Anguilla	安圭拉
ATG	Antigua and Barbuda	安提瓜和巴布达岛
AUS	Australia	澳大利亚
BHS	Bahamas	巴哈马
BLZ	Belize	伯利兹
BMU	Bermuda	百慕大
BRB	Barbados	巴巴多斯
BWA	Botswana	博茨瓦纳
CAN	Canada	加拿大
CMR	Cameroon	喀麦隆
COK	Cook Islands	库克群岛
CXR	Christmas Island（Australia）	圣诞岛
CYM	Cayman Islands	开曼群岛
DMA	Dominica	多米尼加
ETH	Ethiopia	埃塞俄比亚
FJI	Fiji	斐济
FLK	Falkland Islands（Malvinas）	福克兰群岛
FSM	Micronesia	密克罗尼西尼群岛
GBR	United Kingdom	英国
GHA	Ghana	加纳
GIB	Gibraltar	直布罗陀
GMB	Gambia	冈比亚
GRD	Grenada	格林纳达
GUY	Guyana	圭亚那
HKG	Hong Kong，China	中国香港
IND	India	印度
IRL	Ireland	爱尔兰
ISR	Israel	以色列
JAM	Jamaica	牙买加

续表

代码	国家和地区（英文）	国家（地区）
KEN	Kenya	肯尼亚
KIR	Kiribati	基里巴斯
KNA	Saint Kitts and Nevis	圣基茨和尼维斯
LBR	Liberia	利比里亚
LCA	Saint Lucia	圣卢西亚
LSO	Lesotho	莱索托
MAC	Macau，China	中国澳门
MHL	Marshall Islands	马歇尔群岛
MLT	Malta	马耳他
MNP	Northern Mariana Islands	北马里亚纳群岛
MSR	Montserrat	蒙特塞拉特
MUS	Mauritius	毛里求斯
MWI	Malawi	马拉维
MYS	Malaysia	马来西亚
NAM	Namibia	纳米比亚
NFK	Norfolk Island	诺福克群岛
NGA	Nigeria	尼日利亚
NIU	Niue	纽埃
NRU	Nauru	瑙鲁
NZL	New Zealand	新西兰
PAK	Pakistan	巴基斯坦
PCN	Pitcairn Islands	皮特凯恩群岛
PHL	Philippines	菲律宾
PLW	Palau	帕劳
PNG	Papua New Guinea	巴布亚新几内亚
PRI	Puerto Rico	波多黎各
RWA	Rwanda	卢旺达
SGP	Singapore	新加坡
SHN	Saint Helena	圣赫勒拿
SLB	Solomon Islands	所罗门群岛

代码	国家和地区（英文）	国家（地区）
SLE	Sierra Leone	塞拉利昂
SOM	Somalia	索马里
SWZ	Swaziland	斯威士兰
SYC	Seychelles	塞舌尔
TCA	Turks and Caicos Islands	特克斯和凯科斯群岛
TKL	Tokelau	托克劳群岛
TON	Tonga	汤加
TTO	Trinidad and Tobago	特立尼达和多巴哥
TWN	Taiwan，Province of China	中国台湾省
TZA	Tanzania	坦桑尼亚
UGA	Uganda	乌干达
VCT	Saint Vincent and the Grenadines	圣文森特和格林纳丁斯
VGB	British Virgin Islands	英属维尔京群岛
VUT	Vanuatu	瓦努阿图
WSM	Samoa	萨摩亚
ZAF	South Africa	南非
ZMB	Zambia	赞比亚
ZWE	Zimbabwe	津巴布韦

附录 D　高质量行业名称及代码

表 D1　　　　　　　　样本内计算得到的质量高方差行业

二分位行业名称	行业代码
饮料制造业	15
皮革、毛皮、羽毛（绒）及其制品业	19
化学原料及化学制品制造业	26
医药制造业	27
化学纤维制造业	28
非金属矿物制品业	31
黑色金属冶炼及压延加工业	32
有色金属冶炼及压延加工业	33
通用设备制造业	35
专用设备制造业	36

后　记

　　每当想到自己的年龄总有些许惶恐，感觉自己还是个孩子，却已接近而立之年；每当想到自己的年龄总感些许幸运，虽已接近而立之年，却还可以像孩子一样在南开园中无忧无虑地生活与学习。这里的一切终将结束，一直待在象牙塔中的我们，也终将走向社会，去寻找属于我们的那片天空，然而，不会结束的是我对于南开的热爱，对老师与同学之间情谊的思念，对学术之路的那份热情与追求。在博士三年期间，有太多人给予了我学习和生活上的帮助，每当我回忆在南开的时光，在脑中留下的都是美好的回忆。

　　衷心感谢我的导师胡昭玲教授，能够成为胡老师的学生，真的是一种幸运。与胡老师初见是2012年的3月，胡老师温文尔雅的气质与平易近人的态度深深地吸引了我，与胡老师初次的交谈是轻松而愉快的。入学之后，胡老师对于我学习和生活上更是给予了太多的帮助。生活上，帮助我们排解压力和调节我们的心理，老师将自己博士期间的感受与经验讲给我们听，在平时的接触中，胡老师与我们之间也是毫无距离感的。学习上，考虑到我博士期间的专业有所变化，老师多次给我推荐本专业相关的经典著作，以便于我能够通过阅读寻找自己的兴趣点；考虑到我之前未做过科研，胡老师将我初次练笔的论文反复修改，让我学习到论文写作框架、技巧以及应当注意的问题。此外，在讨论课上胡老师更是注重培养我们独立思考能力与批判精神，让我们谈出自己的观点，我也逐渐从在人前一讲话就会脸红，成长为在公开场合能够清楚表达自己观念与想法的人，在老师的讨论课上我真的看到了自己的成长。本书是在我的博士论文基础上改写而成。博士论文的顺利完成离不开胡老师的悉心指导，大到论文框架与结构安排，小到语言与格式，老师都进行了多次耐心地修改与完善，每次收到老师的邮件几乎都是接近凌晨，老师严谨的治学态度常常使我汗颜。正是胡老师让我明白，学术科研与生活品质之间是可以不冲突的，工作事业与家庭生活之间也是可以不冲突的，师从胡老师读博期间，真的学到了很多，成长了很多，胡老师培养了我对学术的热爱，也让我明白自己想要成为怎样的人。再多的言语也难以表达我对胡老师的感恩之情，真心希望老师身体健康，一切顺利。

感谢南开大学经济学院的老师。感谢为我们授课的佟家栋老师、黄兆基老师、蒋殿春老师、张晓峒老师、盛斌老师、包群老师、柳欣老师、刘晓峰老师、李俊青老师、龚刚老师、邵敏老师、韩军老师、杨光老师、赵红梅老师，是你们的精彩授课让我打下了坚实的基础，并为之后的研究提供了可能。此外，特别感谢国经系的所有老师，从你们一次次讲座与研讨中学习了很多，感谢你们参加开题、博士报告会以及预答辩所提出的宝贵意见，感谢李坤望老师、张伯伟老师、周申老师、刘重力老师、谢娟娟老师、孙浦阳老师、何永江老师、周燕老师、彭支伟老师、王自锋老师、李飞跃老师、黄春媛老师以及其他国经系的老师们。

感谢我的吃喝玩乐小分队成员——毕鹏波、边志强、朱洪利与他的女朋友，与你们在山商相识是一种幸运，丰富了我原本单调的教学与科研生活，我们是同事，更是无话不说的亲密朋友，希望我们的友谊长存。

感谢南开大学经济学院，在这里我学会如何更好地去诠释学术的价值与意义，在这里我明白了要成为一个"智圆行方"的人，在这里留下了我通往而立之年最宝贵也最有价值的三年青春岁月，也许未来的科研路会有很多荆棘，但在这里至少我得到了一把可以劈开荆棘的镰刀，我为能够在南开取得自己的博士学位而感到骄傲。

特别感谢我的家人。感谢爸爸、妈妈和姐姐，是你们一直默默支持我，鼓励我，给了我一个和睦的家庭氛围让我可以快乐健康的长大，给了我衣食无忧的生活让我可以心无旁骛的读书，给了我一个宽松的环境让我可以选择自己想要的生活，没有你们，就没有现在的我，我会继续努力，希望可以让你们会因为有我这个儿子和弟弟，而感到些许骄傲。感谢我的女朋友李梦洁，她既是我的陆地又是我的天空，一方面她会积极规划和调节我原本乏味与单调的博士生活，使得我每天都有别样的精彩，只要有她在我就会很安心，同时，她又可以陪我在学术的天空翱翔，与我交流与我争论，相互扶持共同成长。此外，特别感谢她的爸爸妈妈，我能够进入高校，继续从事科研，继续做自己认为有价值和感兴趣的事情，与你们的支持是分不开的。

此外，还要衷心感谢山东工商学院以及经济学院领导和老师。是你们诸多的指点和帮助，让我完成从学生到老师身份角色的转换；与你们亦师亦友的讨论与交流，使我来到新的工作岗位并不感到孤独与陌生；是你们营造的良好氛围，让我感受到家的温暖和归属感。感谢山东工商学院重点学科建设平台的鼎力资助，感谢经济科学出版社周国强等编辑部老师们的辛勤工作，才使本著作得以顺利出版！

最后，再次感谢我所有的老师、领导、同事、同学、朋友与家人，谢谢你们！